庭師 小川治兵衛とその時代

鈴木博之――著

東京大学出版会

"OGAWA Jihei" and His Times
Hiroyuki SUZUKI
University of Tokyo Press, 2013
ISBN 978-4-13-063811-1

序　哲学の道

これからわたくしは、庭師・七代目小川治兵衛とその時代について語ろうと思う。だがこの物語は、日本を代表する文化のひとつである庭園について語るだけでなく、日本が近代化を進めるなかで誰が庭園に魅せられ、どのような庭園をつくりあげたかを語り、そのことによって日本という国の近代化の性格自体を考えようとするものなのである。

小川治兵衛という庭師は一八六〇（万延元）年四月、京都府乙訓郡新神足村（現在の長岡京市）に山本藤五郎の次男として生まれ、幼くして母と死別し、父の手で育てられ、一八七七（明治一〇）年、京都の庭師・小川家の養嗣子となって家業を継いだ。彼は琵琶湖疏水の水を引き入れた庭園群をつくることによって、近代京都に新しい庭園文化をもたらした。また、平安神宮神苑をつくり、明治の元勲・山県有朋の庭をつくった。住友財閥の当主であった住友春翠も、最後の元老・西園寺公望も、三菱財閥の当主であった岩崎小彌太も、そして昭和前期に首相を歴任した近衛文麿も小川治兵衛の庭を愛した。

小川治兵衛は一九三三（昭和八）年一二月、七三歳で没する。幕末から昭和初年に及ぶ彼の生涯は、日本の近代化の歴史を含み込むものであり、彼の庭のなかにはその生涯の時期に起きた日本の変化が、文字通りすっぽりと収まってしまう。

ここでは、まず小川治兵衛の庭の背景を用意した、日本の近代化の歴史から論じなければならない。そこで、日本の近代化遂行の歴史上、典型的な国家的事業であり、お雇い外国人技師の力を借りずに日本人が独力で成し遂げた象徴的な事例である、琵琶湖疏水工事をとりあげる。

図序-1　哲学の道

そのために、琵琶湖疏水がはるか後世になって生み出した文化的景観を訪ねることからはじめたい。それは小川治兵衛の庭とはふたごのような関係にあるからである。

京都に「哲学の道」と名付けられた道がある。

南禅寺から銀閣寺の手前にかけてゆったりと流れる琵琶湖疏水の支流のほとりに沿った道で、紅葉の頃はとりわけ美しい風情をただよわせる（図序―1）。その名の由来など考える必要のないくらい、散策には気持のよい道である。銀閣寺のほうから歩いてゆくと、疏水の水はさらさらと自分のほうに向かって流れてき、それに逆らうように歩みを進めるうち、やがていつしか道は南禅寺の下のほうに出てゆくのである。岡崎公園が近づく頃には、道の風情はかなり俗っぽく落ちてくるけれど、今度は周囲に大きな屋敷が並び建つ地域が開け、そちらに足を向けるとまた別の美しい景観が広がる。現在の住友家の本邸、そして野村証券の創始者・野村徳七の別邸であった屋敷など、広大な庭園を秘蔵した屋敷が見られるのもこのあたりである。そしてそこまで来れば、すでに南禅寺の門前である。京都の散策路として、この道筋はいまでは代表的なもののひとつである。

しばしば京都を千年の都などというが、「哲学の道」から南禅寺にいたるあたりは、平安京の景色を伝えるものではなく、鎌倉や室町どころか、江戸時代の景観ですらない。それは明治から昭和にかけて生み出されたものなのである。つまり、千年の都の面影ではなく、近代日本の生み出した文化の姿なのである。「哲学の道」が、疏水の支流（これを疏水の計画上は分線と呼ぶのだが）に沿ってはじまることからもこのことは容易に想像される。

琵琶湖疏水は、明治日本が京都で最初に成し遂げた記念碑的な事業であった。明治維新後の京都を近代化させ、復興させる原動力としてこの疏水は完成された。しかし「哲学の道」という名前はそれよりさらに遅く、実は戦後になって生み出されたものだという。哲学者・西田幾多郎がこのあたりに住んでおり、ここをしばしば散策していたからだという。「哲学の道」という文字を刻んだ石碑が建てられたのは一九七二（昭和四七）年のことである。石碑は疏水沿いの道が整備されたのを記念して置かれたのだった。

疏水支流は若王子神社のあたりで山際に消えるが、そこにはかつて哲学者・和辻哲郎が住んだ家がある。横浜の大商人であり、現在も「三溪園」にその名を残す原三溪の番頭であった古郷時侍が明治中期に住まいを建て、そこに和辻が住んだのである。その後、現在も哲学者・梅原猛が住むその屋敷は、密語庵と名付けられている。「風土」という概念を生み出した和辻が住んだあたりが「哲学の道」となっていることは、この周辺の風景が好ましいものであることの、ひとつの証左ともなろう。ここには近代の知性たちが見出した理想郷があったのだ。近代になってからの京都が生み出した風景もまた、みごとな風土となっているのである。

何度も繰り返すが、「哲学の道」は典型的な近代の産物である。琵琶湖疏水は日本の近代化過程のなかで生み出された代表的な国土改造プロジェクトであり、京都に近代の生命力を吹き込む大事業であった。近代的運河事業、運輸施設や工業用水建設、つまりそれまでなかった新しい都市インフラストラクチュア建設の事業だったのである。

こうした事業の一部である疏水支流は、どのような使命を持っていたのか。疏水支流は、南禅寺境内の水路閣というレンガづくりの一種の水道橋の上を流れて、銀閣寺方面に向かう。この水は大きくふたつの使命を持っていた。ひとつは京都西郊の農地へ水を供給する農業用水・灌漑用水であり、もうひとつは工業用の動力用水であった。後者については説明が必要であろう。琵琶湖疏水が建設された一九世紀末から二〇世紀初頭にかけての時代は、水流を利用して水力タービンを回し、その力によって工場を稼働させる水車動力が全盛期であった。疏水支流は、そうした動力用の水を供給するための水路だったのである。したがって、南禅寺から銀閣寺にかけての地区は、水力タービンによって稼働する工場が並ぶ工業地帯になるはずだった。

だが、疏水が建設されている頃、水力発電が実用化したため、疏水は水車動力の工場のためにではなく、水力発電に用いられることに変更されたのだった。南禅寺近くの蹴上に日本初の水力発電所が建設される。そのため、疏水支流は動力用の工業用水という使命を失い、灌漑用水としての利用が中心になるのである。

そこに思索にふさわしい環境を見出したのが京都の哲学者たちだった。本来であれば工場が建ち並ぶはずの道が、「哲学の道」に変じたのである。理想の場はどこにどのように生まれるのか、「哲学の道」を訪れるたびに考えさせられる。

だが、疏水が生み出した近代の風景は、単に「哲学の道」にとどまるものではなく、思いもかけぬ広がりを持つものだった。一滴の水が流れに注がれることによって、何万町歩という田畑に広がり得るのにも似て、疏水は近代日本の産業や交通のみならず、文化史上に広くひろく広がっていったのである。そこには江戸から明治を経て、戦前の日本の終焉にまでいたる歴史と、そのなかに生きた多くの人々の才能と人生の表現が含まれている。

明治維新から太平洋戦争の敗戦までは、一〇〇年にも満たない期間であった。だがその間の日本の変化は、歴史上のどの一〇〇年間にもまして、激しく大きなものだった。日本の近代化の過程は、この一〇〇年間に経験された。それを目覚ましい変化と考えるか、功罪相半ばする変化と見るかは、それぞれの人の依って立つところによって異なるであろう。けれど、その一〇〇年の間に近代日本が求めた文化の表現には、ひとつの連続性、あるいはひとつの通奏低音のようなものがあったのではないかと思われる。日本の近代の本質は、この文化表現の通奏低音のなかに現われているのではないか。その出発点に疏水は関係を持っている。

七代目小川治兵衛という庭師が、琵琶湖疏水の水を庭園に引き込み、工業用水を変じて、近代和風文化の粋を示す大庭園群に用いた。そこには、山県有朋にはじまり近衛文麿にいたる、近代化を求め続けた日本の支配層が欲した、彼らの私的全体性を支えてくれる表現があったのである。だが、その世界を知るためには、まず琵琶湖疏水自体の開発の歴史と、その世界史的背景を見ておかなければならない。

目次

1 章　近代化のなかの琵琶湖疏水開発

近代化における水の役割

一九世紀末、すなわち田辺朔郎による琵琶湖疏水工事の計画が提出された時期の疏水とは、近代化の過程のなかではどのような性格をもつものであったか。

世界的には、一九世紀は水力の時代であった。産業革命を成立させたものは英国における豊富な水力であったし、その水力がもたらすものは、現在われわれが想像するよりもずっと多岐にわたるものでもあった。

まず、蒸気機関に先立って工業を支えたのは、極めて即物的な意味における水の力であった。産業革命の先駆けを英国のグラスゴー近くのニューラナークに訪ねるなら、そこにロバート・オーウェンが経営した繊維工場が残されているのに感動するであろう。が、なによりも印象的なのは、その工場が、ここを流れるクライド河のほとりに、浪に洗われんばかりに接近して建ち、その脇を、茶色味を

図 1-1　ニューラナークの繊維工場とクライド河

帯びた水が、滔々と圧倒的な水量で流れ続けていることである（図1－1）。頭の中で知っていただけの産業革命がその時にわかに実感を帯びるのを、人はきっと感ずることであろう。

こうした水の力はそれ以前から、さまざまな面で利用され続けてきた。水は古代から、まずもって飲料であり、輸送力であり、農業にとっての生命線でもあった。しかしながら近代に入ってからの水の力、とりわけ一九世紀に新たに獲得された水の可能性は、動力源としてのそれであった。土木工学を学んだ田辺朔郎が、この水の可能性を最大限に発揮させせようと考えたとすれば、その構想が、単なる水路の開削工事だけを眼目とする計画を、はるかに越えたところにまで広がってゆくであろうことは、至極当然であった。

ちょうど田辺朔郎が現われる頃、水力の可能性を説く人物が京都にいた。二代目川島甚兵衛である。彼は京都の織物の世界において重要な位置を占める川島織物の経営者であり、京都における新しい産業を、伝統のうえに築こうとしていたひとりである。彼は一八八六（明治一九）年の外遊の際に米国のホリヨークという工業都市を訪れ、そこで用いられていた工業用動力源としての水力に、大変感銘を受けてきたのであった。

ホリヨークは、ニューイングランドのマサチュセッツ州の都市であり、州都ボストンからは、真西に一〇〇キロ程の場所に位置する。この町の魅力とその都市史的意義は、いつにかかってこの町を流れる川にあった。ニューイングランドの発展が、瀑布線都市と呼ばれる、段丘に位置する町の、地勢的な条件を利用したことに由来することはよく知られている。ホリヨークは典型的な瀑布線都市と言ってよかった。この都市は、ここを流れる急流の豊かな水を使って、繊維産業や製紙業を発展させたのであった。このふたつの産業はなによりもまず水を必要とする。ホリヨークに水を恵んでくれていたのは、コネティカット川である。この川はホリヨークの町を抱くような形で北西から南西に向かって流れていた。流れは急峻で、町の北東にはハドレー瀑布と名付けられることになる滝もあった（図1―2）。

ホリヨークの工業は、このコネティカット川の水を、水力タービンの動力源に用いることによって成立したのである。川島甚兵衛はそこに着目した。だが、コネティカット川の水力による工業とは、どのような形態のものなのか。水車と言えば、粉を挽く水車ぐらいしか思い浮かばないわれわれには、想像がつきにくい。琵琶湖疏水に興味を抱いていても、どこかその本質がわかりにくいのは、その手本となった一九世紀の水力利用の工業生産の姿が、現代のわれわれには見えにくいからである。

ホリヨークの町に運河が建設されていったのは、一八四七年から一九〇〇年にかけてであった。工業用運河に水を取り入れるために、コネティカット川の水をせき止める木製のダムが一八四九年に建設され、ハドレー瀑布会社が設立されたという。

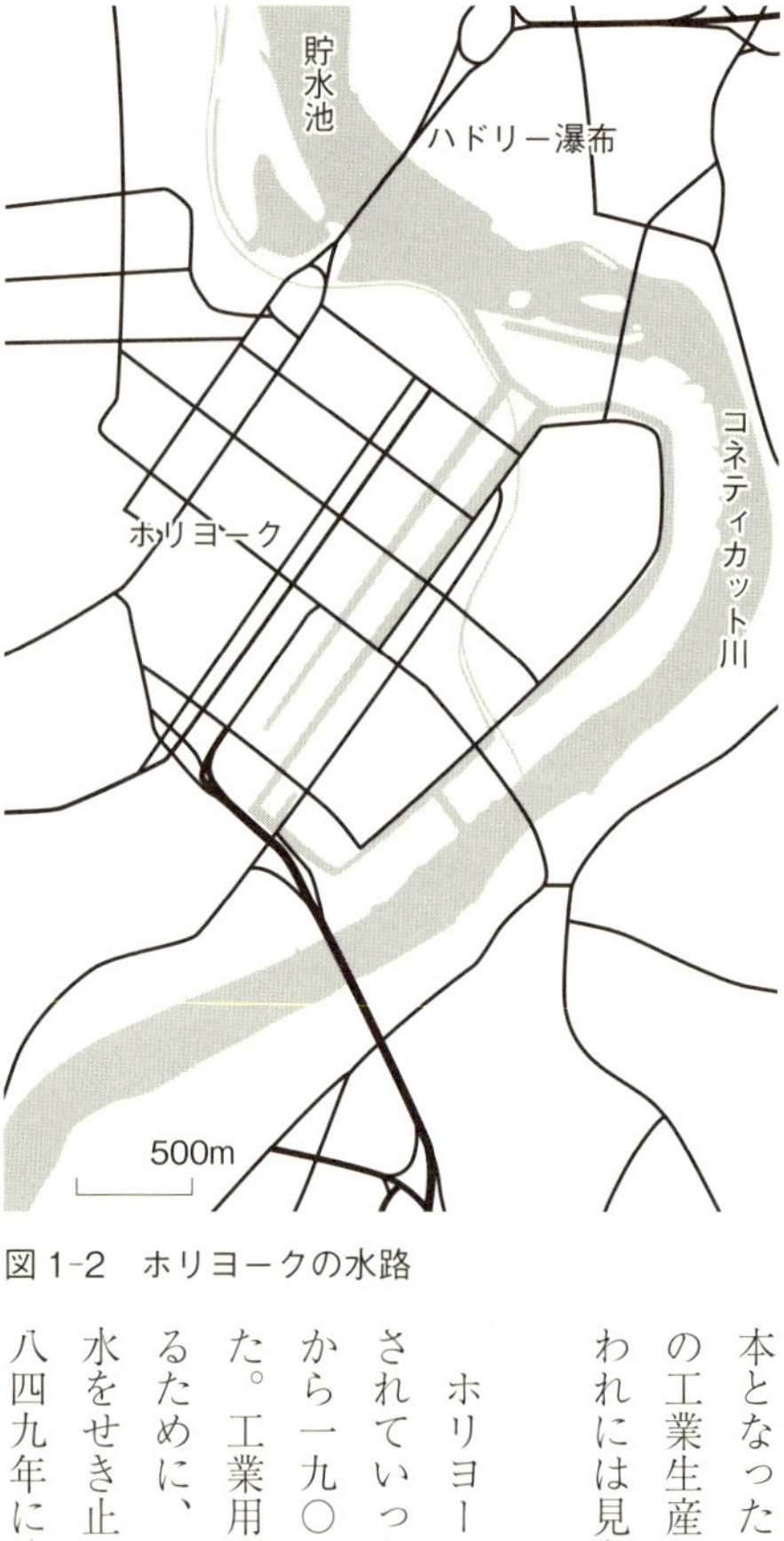

図1-2　ホリヨークの水路

この会社は後にホリヨーク水力会社となる。会社は三本の運河を建設し、そこには三六基の水車が設けられていった。ホリヨーク水力会社の保有する運河（カナル）は、水運のための施設ではなく、水力利用のための動力用運河（パワー・カナル）と呼ばれる運河であった。そうした意味では、ホリヨークの水路は運河というより、疏水と呼んだほうがよいのかもしれない。疏水を開発することによって、ホリヨークの町は工業都市として急速に発展してゆく。動力用の水路が得られることが、当時の工業都市の最大の立地条件であった。水路は工場の動力源である水車を回転させるための水を供給し、それによって工場は生産力をあげてゆく。水車の数がその町の工業生産の規模を直接的に示す指標であった。

かつては三六基あったというホリヨークの町の水車も、一九九〇年代半ばには、現役で稼働しているのはただ一基のみとなってしまっていた。唯一残されたその水車を用いている工場はパーソンズという製紙工場であった。高級紙の製造で知られる会社である。水を製品の製造に使うだけでなく、動力源としても使うところに、運河の町の地の利があった。ホリヨークは繊維産業と製紙業との、ふたごの産業を持つ工業都市として発展を遂げていたのである。京都の織物業者であった川島甚兵衛がホリヨークに着目したのは、自身の仕事である繊維産業の先進地域に注意を払った結果にほかならない。

ひとつの工場の機械を稼働させるための動力はたった一基の大型水車で、その回転力がシャフトとベルトによって、工場全体に伝えられてゆく。パーソンズ製紙会社の動力源を追うと、それは工場の床下に下りたシャフトにとりつけられた巨大な傘歯車にいたり、その先に水の流れを受けて回転する水車が存在していることが知られる（図1―3）。もはや水車というには大きすぎるタービンが床下でごうごうと回転している。タービンは回転軸が垂直で、直径二メートルはあろうかという大きさであり、上半分に円筒形の羽根車の形の回転部分がつき、下半分は巨大な釜のような形にすぼまっている。

だが、このような仕組みの水車を回転させる動力源としての水は、工場の床下をどのように流れているのだろうか。ホリヨークの運河は大きく蛇行しながら、町のなかを流れている（前掲図1―2）。

すると、蛇行して元の水路と平行になったときには、その水面はかなり低くなる。つまり、運河は高い水位のものと低い水位のものとが、平行して流れるように設計されるのだ。工場はこの、水位の違うふたつの水路のあいだに建設される。そして、工場の床下を通って、水は高い水位の水路から低い水位の水路へ流れ落ち、その途中で水車を回すのである。水位の高い水路のことをアパー・カナルと言い、水位の低いほうの水路をロアー・カナルと言う。考えてみれば実に単純明快な仕組みである。しかし、この単純明快さこそが、初期産業革命時代の動力源のメカニズムなのだ。

それは同時に琵琶湖疏水の水利計画の原理でもあったはずである。だが、わたくしが訪れてみたホリヨークの町は産業構造の変化とともに、時代から取り残された町になっていた。荒涼とした街路は、

図 1-3　傘歯車（手前）と水車（奥）

図 1-4　水路閣

米国の都市の成長の早さと同時に、その衰退の早さをも教えてくれていた。かつての水力は、類まれな動力源であった。しかし、水が動力としての力を電力にゆずりわたして、動力源としての地位を失ったとき、運河を中心に組み立てられた町は、町そのものの力を失っていったのである。

琵琶湖疏水には、幸いなことに、そうした衰退の風情は少ない。インクラインという、船を台車に載せて運ぶ装置はもはや使われていないが、疏水全体が放棄されてしまってはいない。「哲学の道」の終点、南禅寺の近くに見られる水路閣は、いまでは京都の観光ポスターに登場するほど風情にみちたものであり、芸術的な構築物として人々を惹きつけている（図1―4）。

琵琶湖疏水がいまも京都の町のなかで生き続けている秘密はどこにあるのか。疏水は土木技術の産物であることを越えて、あたかも芸術性を意図して生み出されたもののようにすら見えるのである。それは疏水の誕生のときに、すでに見通されていた性格であるようにも思われるし、疏水完成後の歴史のなかで育まれた性格であるようにも見える。その全体をたどってみるならば、「哲学の道」の成立は広汎な疏水の副産物のひとつにすぎないことが知られるであろう。

田辺朔郎と琵琶湖疏水

琵琶湖疏水を設計した内務省技師・田辺朔郎は、満六歳と六か月のときに江戸城開城に出会っている。幕末の武士たちの生活は、明治になってから想像すると、まるで夢のようであった。幕臣の子であった彼は、維新の混乱のなかで江戸を逃げのびる途中、竹槍を携えた二、三〇人の暴漢にゆきあって、「さあ、天下に安全なところとてはなきものよ、よし来たらば切って捨てむ」と、短刀をひっつかんだ瞬間の一幕を、大正になってから、「最も著しき幼時の記憶」として回想している。一八六一（文久元）年に江戸に生まれた田辺は、日本の歴史上まれにみる振幅の大きな価値の変化のなかを生きた世代に属している。

田辺朔郎の父は孫次郎といい、高島秋帆の門に入って砲術を修めた人物であった。この孫次郎は幕府の講武所創設の任にあたったといわれるが、朔郎の生まれた翌一八六二（文久二）年、流行の麻疹に罹って四二歳の若さで没してしまった。早く父を失った朔郎は、母の手によって育てられ、やがて父がそうであったように、技術者として生きてゆくことになる。しかしその間、幕府は崩壊し、世のなかは激変していった。

政変を目のあたりにして、旧幕臣の子が己の才能をたのみとして生きてゆくときには、技術者の道が唯一信じられる道だったのかもしれない。彼は工部省が設けた工部大学校に入学する道を選ぶ。藩閥の背景を持たず、才能のみで身を世に処するとすれば、新しい科学技術を学ぶことが最も確実な方法であったのだろう。そこに、物心つくまえに亡くなった父の生き方が、色濃く影を落としたであろうことも十分に想像される。亡き父、孫次郎は刎堂と号した。これは「不知砲者刎談兵、談兵者刎忘砲」という言葉によるものという。ここには、砲術をもって立つことに誇りを持ち、しかもいたずらに大言壮語する慷慨家になることを戒める一種の技術者気質が感じられるようである。

田辺朔郎は一八八三（明治一六）年五月一五日、工部大学校土木工学科を卒業することになるのであるが、それ以前、極めて幼少の頃、漢文を大久保敢斉に、仏語を福地源一郎に学んでいた。田辺家の分家の当主が田辺太一で、彼の知友であった福地らに朔郎は学ぶことができたのである。

維新直後、田辺朔郎は太一にしたがって沼津に移住し、沼津の小学校に一一歳まで学ぶ。これは太一が、徳川家によってつくられた沼津の兵学校で教務にあたっていたためであった。太一は、幕末にすでに幕府使節のひとりとして渡仏した経験を持ち、維新後は一八七一（明治四）年のいわゆる岩倉使節団の随行員中の一等書記官として渡欧、後に外交官として活動する人物である。福地源一郎も同じ一等書記官としてこの随員に名を連ねていた。

沼津兵学校は明治初期における最先端の洋学教育機関であり、教授頭取に西周を据え、旧幕臣の最高知識人たちが教授にあたった。田辺朔郎が学んだ小学校は、この兵学校の付属教育機関として設けられたもので、彼は旧幕府の最後の、そして最高の知的遺産を享受できたことになる。ここからは、明治の言論、政治の世界で活躍する島田三郎などの人物も輩出される。朔郎もまた、沼津兵学校付属の小学校が生んだ、注目すべき人材のひとりに数えられる。

工部大学校の土木工学科に進学した田辺朔郎は、その卒業論文に、琵琶湖疏水工事の計画をとりあげた。なぜ彼が琵琶湖疏水に着目したのか、その正確な理由ははっきりしない。後に述べるように、大鳥圭介の推輓を受けて、田辺はこの計画に着手することになったらしいが、その胸のうちまではわからない。単に水利技術のおもしろさからこのテーマを選んだのではないことだけは、はっきりしている。田辺には、京都という都市全体の殖産興業についての大きな抱負があって、そのための総合的な国策のための計画として琵琶湖疏水をとりあげているからである。想像をたくましくすれば、それは旧幕臣の子としての彼が、滅びゆくものとしての京都に一掬の共感をおぼえた結果かもしれないとすら、考えられるのである。

しかしながら、現実の国家事業としての琵琶湖疏水工事の計画は、決して滅びゆくものへの感傷にひたった情緒的な計画ではなく、極めて骨太な構想であった。それは、明治の日本のみが構想し得る国土計画であったと、現在の目からは結論できる性格のものであった。

では、琵琶湖疏水工事とは、いったいどのような内容を持つ計画だったのであろうか。単純化してしまえば、それは文字通り琵琶湖の水を疏水（一種の運河あるいは用水）によって滋賀県から京都府に導き入れる計画であった。けれども、この計画を仔細にながめてみるならば、そこには過重とも言えるほどの目論見が込められていることが理解されるのである。この過重なまでに多くを求める構想こそ、明治の時代精神であったと言えるほどに。

そもそも琵琶湖からの水路を開削しようとの計画は、江戸からあった。幕末の一八四一（天保一二）年に提出された「口上書」を見ると、通船のため、そして田地用水としての役割がそこでは想定されていた。

一方、田辺朔郎らの計画は、その「起工趣意書」によるとおよそ七箇条の目的を掲げている。

「其一製造機械之事」。これは水力による動力のことである。趣意書は「諸工業ヲ起サント欲セハ必宏大精巧ノ機械ヲ要セサルヘカラス其宏大ノ機械ヲ運転センニハ之ヲ水力ニ拠ルヲ以テ最モ便捷利益ナリトス」と述べている。実際にはこの水力は水車というかたちで動力源に用いられる予定だった。ふたたび趣意書を見ると、「若王子鹿ヶ谷村近傍ハ下ニ白川ノ流アルノミナラス土地ノ勾配甚急ナレハ水車ノ設置ニ尤適当ナル疑ヲ容レサル所ナリ」と言っている。これが琵琶湖疏水開発の最大の目的であった。しかしながら、この目論見は水力発電の実用化によって無用のものとなり、この地勢が小川治兵衛の庭園創造の舞台となってゆくのである。

「其二運輸之事」。これは江戸時代以来の夢であった通船のための水路である。この運河の実現によって運賃がいかに安くなるかを計算して趣意書に付してある。

「其三田畑灌漑之事」。これも江戸時代からの夢であった。趣意書は一万六千石あまりの米の増収が見込めるとしている。

「其四精米水車之事」。当時は精米には多くの水車が用いられていた。さらに潜在的需要もあるので、疏水の完成後には水車を設置したい者が続々と現われるであろうと期待している。

「其五火災防グ之事」。京都市内に疏水からいくつかの水路を分けて流せば、それらが防火用水として役立つであろうという計画である。

「其六井泉之事」。これが意味するところは飲料水の確保ということである。

「其七衛生上ニ関スル事」。疏水の水量豊かな水を流すことによって、京都市内の下水がよく流れるようになり、伝染病や衛生上の害が防げるとしている。六と七の項目は上水・下水の整備につながるものとしての疏水の位置付けと考えてよいであろう。

以上が疏水の「趣旨」である。

田辺朔郎が計画した琵琶湖疏水はまた、明治の技術者が持った構想が、決して西洋化を目指す技術至上主義的な応用技術の産物にとどまるものではなかったことを教えてくれる。

田辺朔郎が、琵琶湖疏水を卒業論文の題目として選択したのは、当時の京都府知事・北垣国道が発意した計画について、工部大学校の校長であった大鳥圭介が相談にあずかり、翌年卒業予定の学生であった田辺を紹介したためであるという。美術という言葉の翻訳者としても知られる大鳥は、五稜郭の生き残り、旧幕臣である。おそらくは同じ開明派の幕臣であり、明治政府に出仕している田辺太一を、大鳥は知っていたであろう。とすればその甥が自分の関係する工部大学校に、優秀な学生として在学していることも、知っていたに違いない。土木学科の学生は、一学年に十指にも満たなかったのであるから。土木事業に関連する相談を北垣知事から受けたとき、田辺太一の縁故につながる学生が土木学科に在学中であったことは、彼には極めて好都合な符合と思えたことであろう。ここに田辺朔郎と京都との結び付きが生じた。

田辺朔郎は卒業二年前の一八八一（明治一四）年から、大津三保崎で琵琶湖の水位の測定をはじめ、翌年には大津と京都のあいだの高低測量をはじめた。琵琶湖の水面は京都の南禅寺のほとりより約一三〇尺（四三メートル弱）高いことが確かめられたので、水路さえ合理的に建設されれば、十分に琵琶湖の水を京都で利用できることが判明した。

一八八三（明治一六）年五月一五日に卒業論文『琵琶湖疏水工事の計画』をもって工部大学校を卒業した田辺朔郎は、ただちに琵琶湖疏水を実施に移すための努力をはじめた。彼は京都府に勤めるのである。身分は京都府準判任御用掛であり、発令は卒業一週間後の五月二二日、月給は四〇円であった。この年七月二七日、彼は京都に到着する。

琵琶湖疏水の目的は多岐にわたっていた。それはまず灌漑用水であり、舟を通す運河であり、さらに飲料水の供給源であった。しかしそれにも増して、工業用動力のための用水であった。こうしたすべてを賄うための多目的な計画が立てられたのである。通船を考慮した運河であれば、水路の規模は用水だけを考えた水路よりもかなり大きくなる。

しかしながら、これまでの日本の近代用水は灌漑用のものばかりであった。その代表が安積疏水である。猪苗代湖の水を灌漑用水として利用する安積疏水は、明治最初の近代的水路工事であり、その指導にはオランダ人技師コルネリス・ファン・ドールンがあたった。

安積疏水に比べると、多目的の用水である琵琶湖疏水は大掛かりであり、しかも長大なトンネルを掘削しなければならない計画であった。ファン・ドールンは、琵琶湖疏水計画は技術的にも工費の面からも困難を極めるものとして批判的だった。たしかに琵琶湖疏水は困難が予想される計画であった。琵琶湖の水を大津で水路に導き入れ、長等山隧道（第一隧道）と呼ばれる長さ一三四〇間（約二・四キロメートル）のトンネルをはじめとする三本のトンネルを通して、京都東端の南禅寺の近くにまで引いてこようとするものだったからである。長等山隧道は当時日本で最長のトンネル計画であったし、しかも計画を立案したのは日本人であり、外国人の助力は考えていなかったからである。ファン・ドールンが危惧の念を表明するのももっともだったと言えよう。

長等山隧道は、大津側と京都側から掘削されるだけでなく、その途中に竪坑を掘って、中央部からも左右に掘り進むという方法が採られた。無論、工期短縮のためである。だが、こうした工事の実施のための請負人もなく、材料もなく、ほとんど全ての工事は直営で進められなければならなかった。たとえばトンネル内部の仕上げと補強に用いるレンガは、特別に工場を建てて製造しなければならなかったし、他の資材や技術についても同様であった。こうした困難を乗り越えながら、都《みやこ》が東京に移ってからの京都の衰微を食い止め、富国への道に貢献する施設を建設するという使命のために、工事は懸命に進められることになる。

疏水計画を支えた北垣国道

技術者・田辺朔郎が努力を傾注する一方で、琵琶湖疏水の工事を認めさせ、国の許可を得、予算化し、事業化するために働いた人々がいた。京都府知事・北垣国道は、維新後の京都再興の立役者であった。知事として、彼が疏水計画を推進したからこそ、琵琶湖疏水は実現したのだと言ってもよい。

幕末の動乱期を志士の活動の末端を担って過ごした北垣国道は、維新政府の樹立とともに官吏としてのキャリアを邁進してゆく。一八七〇（明治三）年には弾正大巡察という役職を帯びて北海道に出張する。このときには北海道のみならず樺太にまで足をのばしている。その後、彼は開拓使七等出仕となり、一八七四（明治七）年一一月までは北海道、樺太を舞台に官僚生活を送る。

明治初期に北海道に赴くという経歴のなかで、北垣国道は幕末に五稜郭に立てこもった旧幕臣たち、榎本武揚、大鳥圭介らとの付き合いを生じたと言われる。彼らはともに開拓使出仕となっていたからである。大鳥が工部大学校校長のとき、田辺朔郎を京都に結びつけることになるそもそもの機縁は、ここにある。一方、榎本と北垣との付き合いは、後に北垣の娘と田辺とが結婚する際に、榎本が媒酌の労を取るまでに発展してゆく。

北垣が琵琶湖疏水を事業化できたのは、彼と幕末・維新期の北海道との結び付きによるものだったと言ってよいほどなのである。そして幕末の北海道との結び付きがなぜそうした結果をもたらしたかと言えば、五稜郭にこそ、幕府のテクノクラートたちが結集していたからである。己の知識と技術力に自負の念を持っていればこそ、彼らは北海道まで抵抗の戦線を持ち込んだのだった。そして彼らは結果的に生き延びて、明治政府に自己の知識を差し出している。

同じ五稜郭に立てこもっていても、死に場所を求めてそこに赴いた新撰組の土方歳三の心境とは、全く異なる世界がそこにはあった。土方は維新が到来すれば、自分たちが哲学的意味などない全くの「天地間無用の人」になることを知っていた。というよりも、京都を出たときから、土方は自分がすでに歴史のなかで死んでいるのを自覚していたのだった。同じような心境は、上野の山の戦いに敗れて、江戸から北海道までやってきた彰義隊の面々にも見出されたものであった。

幕臣といっても技術の人であった榎本武揚、大鳥圭介、そして田辺朔郎の父・孫次郎や叔父・太一らと、彰義隊隊士や土方歳三らのような武術の人々とのあいだには、大きな隔たりが存在していたのだった。無論、維新後の生き残りとなる知識階級の幕臣たちとて、単純なエリート意識だけで自らを生きながらえさせたわけではない。むしろ彼らのなかにこそ、真に近代的と言える屈折した自己相対化の精神があったのではないか。薩長の志士たちの単純な富国強兵意識とは異なり、しかも旧幕府に殉じていった武術の人々とも異なる、心のなかに苦さを秘めた近代意識が彼らのなかにはあったに違いない。おそらくそうした精神こそが、明治時代の文明開化をかろうじて文化の深みを持ったものたらしめているのである。

ここに榎本武揚らに加えて栗本鋤雲、成島柳北らを並べてみるがよい。彼らは無用の人という心を持ちながら、明治の時代を生きた。彼らの存在によって、また明治の時代の側もその文化の深みを増した側面があるのだ。こうした旧幕臣たちは、維新後は政治の世界から身を引き、フランス革命時におけるジョセフ・フーシェやシャルル＝モーリス・ド・タレイランなどの生き方とは全く異なった生き方をもって、新しい時代を生きた。そうした人々を持ち得たことが、日本の近代の特質のひとつに数えられるであろう。

それはさておき、北垣国道のその後をわれわれはたどらなければならない。北海道の後、熊本、高知で地方官僚としての経歴を積んでから、一八八一(明治一四)年一月、彼は第三代京都府知事となった。北垣はここで前任知事であった槇村正直がはじめた近代化の施策を受け継ぎ、疏水工事の実現に向けて各方面に働きはじめる。知事着任後二か月目には、彼は疏水の予備調査を開始し、京都と琵琶湖の水面との高低差を測量し、疏水ルートを検討することを府の地理係に命じている。大学卒業前の田辺朔郎が、大津三保崎で琵琶湖の水位の測定をはじめたのはこのときである。その結果、すでに見てきたように、水路さえ合理的に建設されれば、十分に水を利用できることが判明した。まだこの段階では疏水の目的は農業用水の比重が大きかった。田辺と北垣がはじめて会った時期ははっきりしないが、北垣の日記には一八八二(明治一五)年四月二〇日に、「工部大学卒業生ナリ」と注記されて田辺の名が現れる。琵琶湖疏水のことを話し合うなかで、田辺はイタリアとフランスを結ぶアルプス(これを北垣は「伊仏間『アルクツ山』脈」と記述している)のトンネルについて紹介している。田辺はトンネル内部の換気通風について熱心に説明している。これは舟運によってトンネル内を人間が通過することを考慮したためであろう。

疏水を農業用の灌漑を主とするものと考えると、それは農商務省の管轄ということになる。農商務省内には農業用水を用いて勧農につとめる疏水係があり、一方、内務省には土木局があって、水利事業を管轄していた。疏水を水運のための施設を主にすると考えると内務省土木局の管轄ということになる。北垣国道は、はじめは灌漑用水を主にするイメージを抱いていたらしいが、やがて水運のための運河を重視した、殖産興業のための工事という位置付けに傾いてゆく。だが水運を主体にすれば、当然疏水は灌漑用の水路よりずっと水路幅の広いものになり、工事費も嵩むことになる。農商務省が考えた案では六〇万円の予算と見積もられていたが、とてもそれでは収まらなくなる。内務省と農商務省の勢力争いの感を呈しながら事態は進んでゆき、一八八五（明治一八）年一月二〇日、北垣の知事就任から四年を経て、疏水の主務官庁となった内務省から琵琶湖疏水の起工特許を得るのである。内務省の審査で、疏水はトンネルを多用するルートに変更され、予算も約一二五万円と見積もられた。農商務省案の二倍以上に膨れ上がったのである。時の内務卿は長州閥の山県有朋であった。ちなみにこの頃の内務省は長州閥が優勢であり、農商務省は薩摩閥に支配されていたと言われ、これが両省のあいだの勢力争いの元となっていたのであった。山県と疏水の関係は、この工事が完成したときから、庭師・小川治兵衛の活躍する新しい展開を見せることになるのであるが、その端緒はここにはじまる。

疏水のルート設定

疏水工事は、大津の琵琶湖側から大津運河（図1-5）、第一トンネル（長等山隧道）、第二トンネル、第三トンネル（日岡隧道）、藤尾運河、山科運河、インクライン、鴨東運河などを建設して水路とするものであった。その工事の困難と、それを克服していった田辺の業績については、すでに多くの著作が語っている。だが不思議なことに、この疏水のルート設定の意味について語られた著作はほとんどない。だが、このルートこそ、庭師・小川治兵衛の活躍の舞台を生み出すものだったのである。

現在見る疏水は、蹴上で支流を設け、本流は岡崎の動物園に向かって送水管を通して流れ落ち、蹴上の発電所を稼働させている。そして支流は南禅寺の裏手に回り込み、永観堂の裏手を通って若王子のほうへと流れてゆく。水路閣という一種の水道橋は、この支流のためのものなのである。支流が走る経路である南禅寺から若王子にかけての一帯は古社寺の多い由緒ある地域なので、支流は目立たぬようトンネル内を通したり、水路閣のような丁寧な工事を行なったりして、京都の風致に配慮した。こうした構造物のデザインには、土木技師だけではなく、工部大学校の造家学科の卒業生であった小原益知がかかわった。造家学科とは、現在の建築学科である。建築家と土木技師との共同作業が行なわれていたのだった。

図 1-5　大津運河

こうした細心の注意を払った支流の工事は、なぜ行なわれたのか。そこにこの疏水のパワー・カナルとしての秘密が隠されている。疏水支流の道筋は、そのすべてを歩いてたどることはできないので、地図の上にそれを追ってみよう（図1－6）。南禅寺の裏手を回るとすぐにトンネルの中に入る支流は、その後も山際を縫うようにして永観堂、若王子を経て地上に顔を出し、そして銀閣寺のほうへと抜

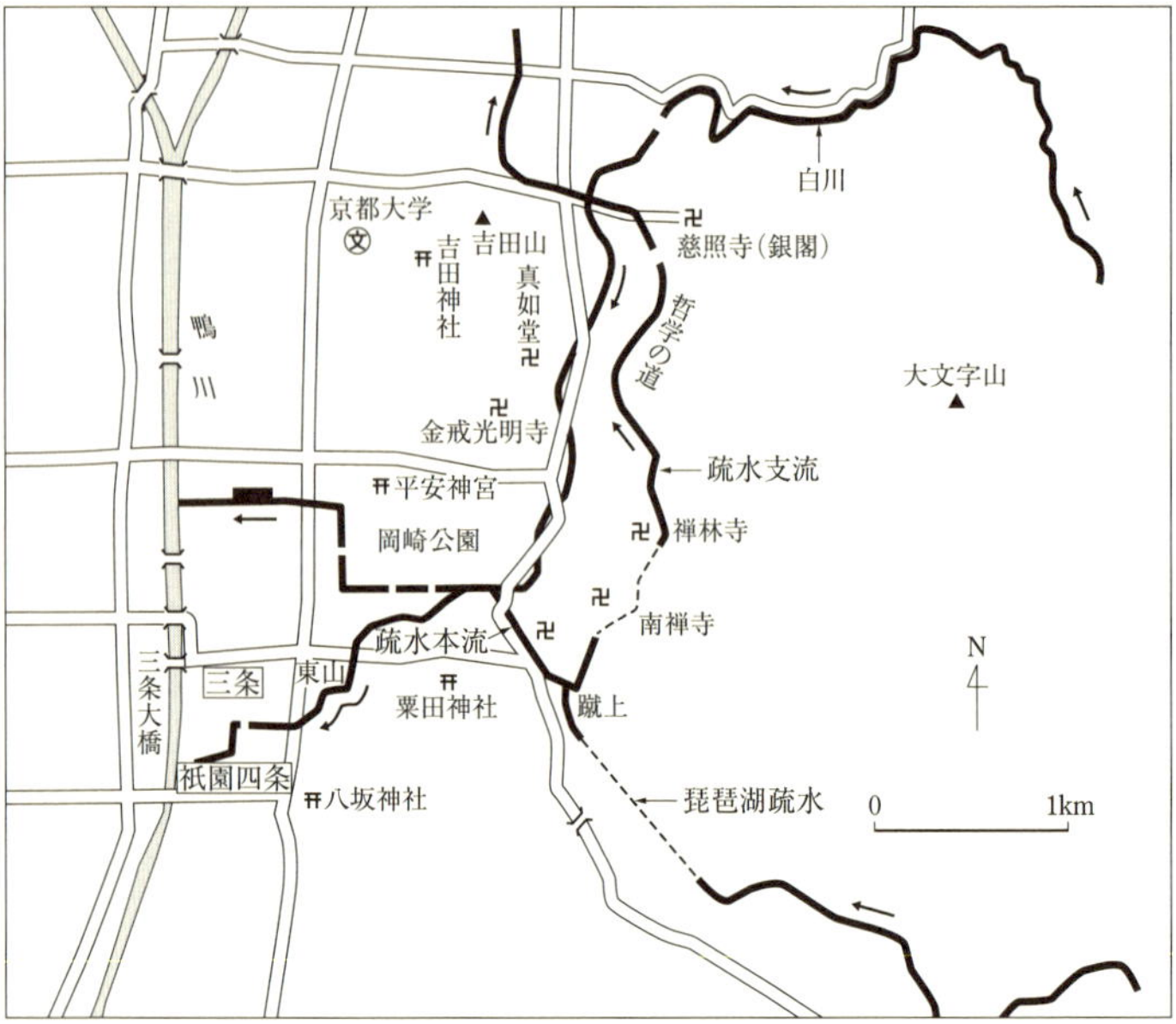

図 1-6　琵琶湖疏水支流の道筋

けてゆく。地上に出てからの流れの後半は、あの「哲学の道」により添うわけである。あくまでも山裾を縫うことによって支流は水面の高さを保ち、水の位置エネルギーを失わずにやがて田中村、いまは京都大学の施設のひとつとなっている清風荘、すなわちかつての西園寺公望別邸のあたりに向かうのである。

支流の水路は細く、大きな船が通れるようなものではない。このことは南禅寺の脇で水路閣に登ることができるので、水路閣上を流れる支流を見て確かめることができる。水量は豊かで、流れも速いが、小さなボートを浮かべることもできない流れである（図1—7）。疏水支流は水運のためのものではない。つまりはトランスポーテーション・カナルではなく、パワー・カナルであると同時に灌漑用水ということになる。たしかに疏水は京都の北西部に農業用水を提供する灌漑路として役に立っている。多目的に水を利用しつくす精神をここにもまた見ることができるのである。

工業用水路として内務省の管轄の水路計画となっても、琵琶湖疏水の支流は農商務省管轄というべき、農業用水路の性格を残している。ここにひとつの例証がある。それは『田辺朔郎博士六十年史』が伝えるエピソードである。

一九〇七（明治四〇）年一一月に京都の白川村村長・西村留三郎が、「琵琶湖疏水工事竣工以来は本村内の田畑水車用水豊富となり常に閣下功績の偉大なるを感するものにて」と書かれた感謝状を送った。そして文中には「聊衷情を表する為めに本村産石燈籠を閣下に呈せんとせしに御辞退あらせられたるにより之に閣下頌徳紀念と彫刻し右燈籠を東山真如堂に寄進致候間右御了承被下度此段得貴意度候恐惶頓首」とある。『田辺朔郎博士六十年史』はこのエピソードを伝えて、「書面中の石燈籠は現在［一九二四（大正一三）年］洛東真如堂境内北部の弁天堂横に据へてあるもの即ちこれ」と注記している。

図 1-7　水路閣上の疏水支流

いま真如堂に出かけてみると、弁天堂と言われるものはなく、境内には多くの石造記念物が建ち並ぶばかりである。しかしながら本堂に向かって左手に建つ元三大師堂の正面に据えられた石灯籠に次のように刻んであるのを見ることができる。

「奉納真如堂
　工學博士田邉朔郎君頌徳紀念
　明治四十年十一月　白川村
　　　西村■郎」

西村の次の■が何の字なのかは読めなくなってしまっている。しかしこれが白川村村長・西村留三郎の名を刻んだものであることは間違いない。

頌徳紀念という時代がかった言葉のうちに、当時の人々が田辺朔郎に対して抱いた感謝の念の深さを感ずることができるし、琵琶湖疏水の多岐にわたるものであった効用を知ることができる。だが、ふたたび問うなら、疏水支流は果たして灌漑用水が主目的の水路だったのであろうか。白川村村長が述べる「田畑水車用水豊富となり」と述べるときの水車は、おそらくは文字通りの農業用の揚水に用いる水車もしくは製粉などに用いる水車であったであろう。これではやはり支流は典型的な農業用水ということになる。

やはり田辺朔郎自身が目指した琵琶湖疏水の原型に立ち返って、疏水とその支流を眺め直したほうがよさそうである。つまりは「起工趣意書」の冒頭に掲げられていたパワー・カナルとしての設計水路である。疏水支流は白川に落とされることによって水車動力源となり、工場を稼働させるはずであった。それが水力発電の実用化によって必要なくなり、結果的に灌漑用水としての比重が高まったのである。白川村村長からの謝意は田辺にとってはどことなく居心地の悪いものであったろう。石灯籠の寄贈を辞退したのには、そんな心情も隠されていたのではなかろうか。

疏水の工事が起工されたのが一八八五（明治一八）年六月二日、竣工なって通水式を挙げたのが一八九〇（明治二三）年四月九日であることは知られている。その間、起工後三年目に当たる一八八八（明治二一）年一〇月二〇日から翌年一月二三日まで、京都で疏水の調査委員を務めていた高木文平とともに、田辺朔郎は渡米して北米の運河視察などを行なっている。疏水事務所理事長・坂本則美から「今般水力配置方法等取調ノ為メ米国へ御渡航」を命ぜられたのである。この旅行に彼の疏水観を見ることができるであろう。

北米の運河都市

田辺朔郎の北米出張の旅程は一日の無駄もないほど綿密に組み立てられていた。横浜からアビシニア号二八〇〇トンに乗船した彼は、毎日甲板に出て月と星を観測することによって、船の位置と航行距離を測量している。特に、日付変更線を越えた一〇月二八日には二度測量を行なって、東経一七九度四〇分と西経一七二度一二分の位置を書きとめている。天性の技師というべき根性であり、よほど測量が好きだったのだろう。面倒臭い測量と計算も、彼にとっては無上の楽しみだったようである。

一八八八（明治二一）年一一月四日、午前三時にヴァンクーヴァーに到着した彼は、その日の午後一時にはカナディアン・パシフィック鉄道の車上にあり、モントリオール経由で一一月一一日にニューヨークに到着している。日本を出てから二〇日余り、現在では考えられない長旅であった。

そして一四日にはワシントンに行き、特許局を訪ねるとともにポトマック運河を視察した。二一日になると今度はモリス運河を視察して二三日にニューヨークに戻った。ここで彼が視察しているポトマック運河とモリス運河は、ともに通船のための運河、すなわちトランスポーテーション・カナルである。ポトマック運河は現在では日本から贈られた桜の並木が岸辺を彩っていることで有名である。

一方、モリス運河は田辺朔郎が琵琶湖疏水で用いようと計画していた、インクラインのモデルを見るための視察だった。よく知られているようにインクラインは、高低差のある水路を通船させるために、船を台車に載せ、斜路を引き揚げたり引き下ろしたりする施設である。琵琶湖疏水のインクラインは長らく京都の名物であったし、これが使われなくなってしまった現在も、その施設だけは残されている。

モリス運河は北米の代表的トランスポーテーション・カナルのひとつであり、デラウェア川のほとりのフィリップスバーグのポート・デラウェアからニューヨークの隣町であるニューアークとジャージー・シティを経てハドソン川にいたる。全長一〇二マイル余である。パナマ運河の二倍、ちょうどスエズ運河と同じくらいの長さだと思えばよい。

モリス運河の特徴のひとつは高低差があることで、実に九一四フィートにも及ぶ。これは運河としては世界最大の高低差である。スエズ運河はほとんど平らだし、パナマ運河は高低差があるので難工事だったと言われるが、最大高低差は八五フィートにすぎない。したがってパナマ運河では閘門によって船舶を浮き上がらせ、高低差をクリアーできた。しかしモリス運河の場合はそれではとても高低差を克服できず、片勾配型と両勾配型の二種類のインクラインが二三か所も設けられていたし、閘門も二〇か所あった。

モリス運河の計画は一九世紀初頭に始まる。一八二二年にはコロンビア大学の教授であったジェームズ・レンウィックの手で測量が開始され、一八二四年にモリス運河の建設と融資のための会社が設立される。工事は一八二五年にはじまり、一八三一年に完成した。総工費は当初八一万七〇〇〇ドルと見積もられていたが、工事が完成してみると、総額二一〇万四四一三ドルに膨れ上がっていた。モリス運河は一〇トンの船を通すための運河であったが、一八六〇年になって、工費一七〇万ドルをかけて拡張され、七〇トンまでの船が通行できるようになった。田辺朔郎はこの時期の運河を見たはずである。モリス運河の歴史的古写真を集めた本を見ると、インクラインの台車は木造のトラス構造を持っており、運河の航行には驢馬《ロバ》や馬が船を引くこともあったようである。鉄製の台車を持ち、電気動力によって牽引される琵琶湖疏水のインクラインに比べると、すでに旧式の施設と見える。

モリス運河は長く利用され続けて、明治維新前年にあたる一八六七年に最大の利用実績を記録する。しかしながらその後は鉄道の発達によって徐々にその地位を失い、一九七〇年代にその役割を停止する。現在ではごく一部だけが保存されているのみである。田辺朔郎は最盛期にあったこの運河を、熱心に視察したに違いない。だがニューアークのモリス運河は、いまや自動車交通と地下の軌道に文字通り道を譲り、その姿を地下鉄のタイルの装飾画にとどめるのみである。

田辺朔郎はモリス運河の視察を二日間かけて行ない、一八八八(明治二一)年一一月二三日にはニューヨークに戻った。そしてさらに四日後、一一月二七日に彼の姿はボストンに現われる。ここからはマサチュセッツ州の運河と工業の視察である。ボストンで彼は電気事業、水道事業を視察、一二月三日にはリンに出かけて電気鉄道を視察している。これは京都の市電計画の参考にするためであった。リンを訪れた田辺朔郎は、翌四日にはローエルの町に、そして五日には本章冒頭で紹介したホリヨークに出かけている。これらの町で彼は水運のための運河ではなく、動力用運河すなわちパワー・カナルを視察する。『田辺朔郎博士六十年史』が、この間の田辺の行動を「同市の水力を見る」と記していることが、ここで彼が見たものが運河ではなく動力用水であることを端的に物語っている。同書によれば、田辺はローエルではフランシス、ホリヨークではハーセルという人物に会っている。ハーセルは、ホリヨークを実質的にすべて経営していたホリヨーク水力会社の社長である。一方、ローエルのフランシスは、同地の運河網を完成させた技師で、英国生まれ。ジェームズ・B・フランシスといい、運河の建設と監理を行なっていたロックス・アンド・カナルズ社の主任技師である。一八五五年には『ローエルにおける水力事業の経験』という書物も著している斯界の巨人であった。このとき

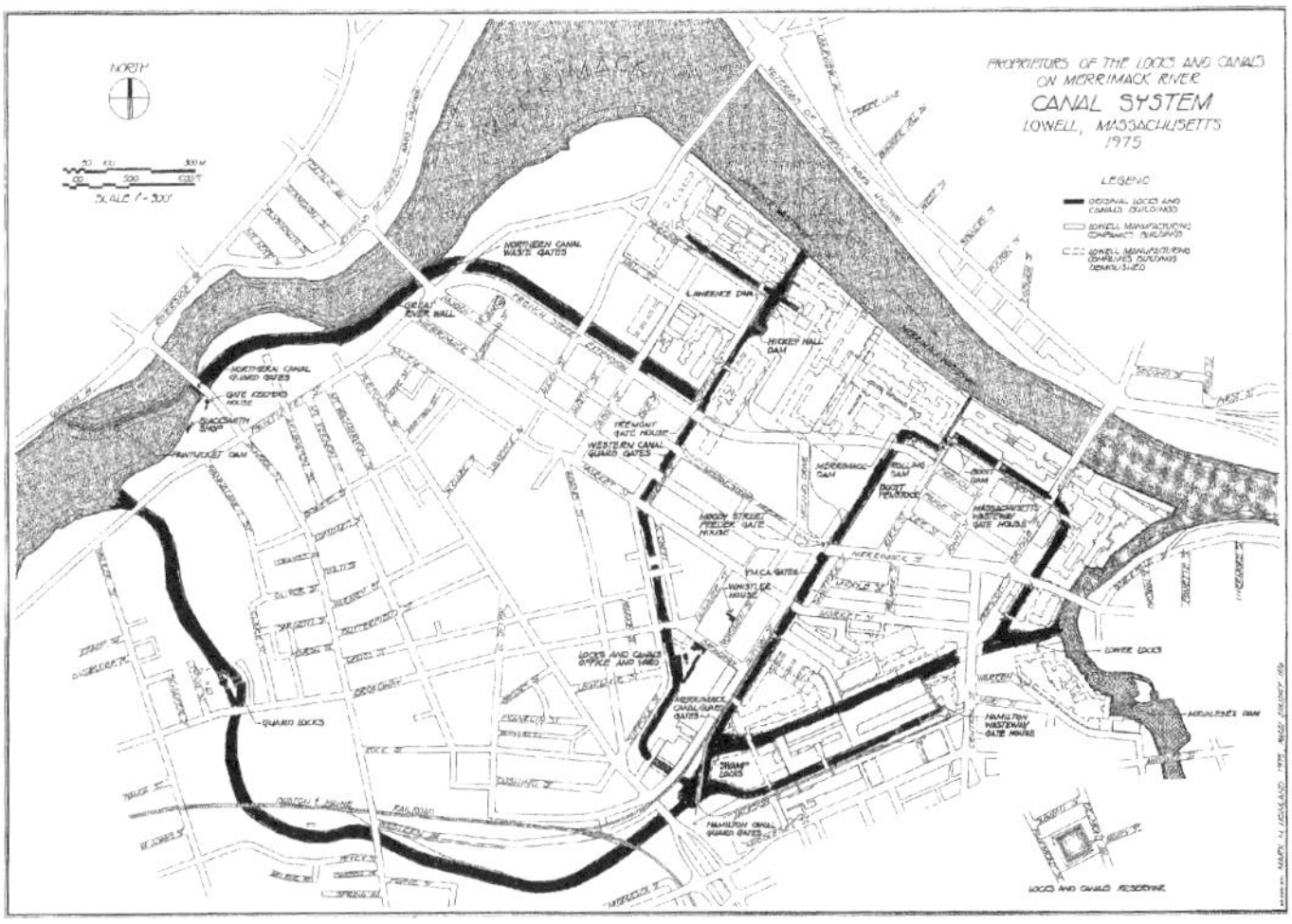

図 1-8　ローエルの水路

弱冠二八歳であった田辺は、彼から水利技術についての示唆を得たことであろう。当時のローエルは土木工学、機械工学のメッカであり、技師たちにとってはまたとない学びの場であったと思われる。

ホリヨークの水路は最も整備されたもので、ハドレー瀑布によって大きな落差を生じているコネティカット川の水を、完全に人工的な水路に分流して整然たる工場用地をつくりあげていた。一方、ローエルのカナル・システムはもう少し経験主義的なもので、メリマック川の水をポータケット運河、メリマック運河、そして給水運河、ノーザン運河というように、順次建設されたいくつかの支流に分流して、それを次々に利用しながら動力源としている。いずれも分流によって水位の異なる水路をつくり出し、高水位の水路（アパー・カナル）から低水位の水路（ロアー・カナル）に水を落とし、その落差を利用して水車を回し、工業用動力とするものである（図1―8）。

ホリヨークは町自体も一八四七年になってはじめてつくられたものであり、整然たる水路計画にもとづいて建設された計画都市である。それより古い歴史を持つ（とは言っても一八一三年までさかのぼるにすぎないが）ローエルは、次々に建設されていったピクチュアレスクな水路網を持つという違いはあるが、システムとしてのカナルは同質である。要するに高い水位の流れから、低い水位の流れに水を落とすということである。

このことを念頭において琵琶湖疏水、特にその支流の計画を見てみると、そこには地形を読み解いたうえでなされた絶妙な設計がなされていることに気づく。つまり、南禅寺から永観堂を経て若王子にいたる疏水支流は、山裾の高い位置を保ちながら流れる。南禅寺と永観堂の裏をそれぞれトンネルでくぐった流れは、若王子に来て社前に顔を現わす。ここには水量調整用の調整池が設けられており、この池の手前から、白川に直通する放水路がつくられている。支流のほうはその後、霊鑑寺、冷泉天皇陵、法然院の下を流れ、銀閣寺の門前にいたる。そこに、天然の河川である白川の流れが逆の方向に流れてくる。白川は銀閣寺から南禅寺のほうに向かって流れているのである（前掲図1―6）。

ここで奇妙なことが起きる。疏水支流と白川は、銀閣寺の前の道で立体交差をしているのである。疏水の水が下になり、白川はその上を横切る。こうしてふたつの流れは異なった方向に流れを続けるのである。逆に言うならば、銀閣寺を過ぎたところでは、白川の流れは疏水支流よりも低い位置にくる。したがって、この区間で支流から白川に水を落とせば、その間で水車を回すことが可能になるのである。つまり琵琶湖疏水支流をアパー・カナルとして建設すれば、天然の河川である白川がロアー・カナルの役割を果たしてくれるというわけである。

ひとつの流れを分流したり蛇行させたりして水位の高低差を生み出すのではなく、琵琶湖からの疏水と天然の白川の水の流れを結び合わせることによってパワー・カナルのシステムをつくりあげるという田辺朔郎の発想は、まさに天才的なものであったのだ。ホリヨークやローエルのカナル・システムには見られない、地形の特質にもとづく設計のひらめきがこの計画を成立させている。田辺という技師の才能は、ここにこそ見られるといってよいであろう。南禅寺から鹿ヶ谷にかけての一帯が、このパワー・カナル・システムの計画範囲であり、つまりは工場が立ち並ぶべき土地だったということになる。「哲学の道」どころのさわぎではない。「起工趣意書」の目的の第一に掲げられていた、「其一製造機械之事」という文章が「若王子鹿ヶ谷村近傍ハ下ニ白川ノ流アルノミナラス土地ノ勾配甚急ナレハ水車ノ設置ニ尤適当ナル疑ヲ容レサル所ナリ」と言っていたのは、まさしくこのことを述べていたのである。

ホリヨークやローエルはそうしたカナル・システムによる工場立地のお手本であった。だが田辺朔郎がホリヨークとローエルを視察したのは、繰り返して言えば一八八八（明治二一）年のことである。つまり琵琶湖疏水の工事がはじまってからすでに三年を経過した時期であった。このときになって運河のシステムを研究するのでは遅きに失する。彼はすでに天才的な疏水の設計を終了し、工事もたけなわの時期である。出張の前年、最大の難関であった長等山隧道は貫通していたし、南禅寺脇の水路閣の設計もできあがっていた。彼の出張理由は、「米国保育〔ホリョーク〕水力配置方法取調として米国へ出張を命ぜられる」と説明されているが、彼が北米に出張を試みた真の理由は水路の調査以外の別のところにあったのではないか。

それが、工事途中に最新情報としてもたらされた水力発電というシステムであった。田辺朔郎はホリヨークとローエルの視察をそれぞれ一日ずつで切り上げ、六日にはボストンを発ってニューヨークへ帰り、そこで電気事業を調査している。一七日にはふたたびモリス運河に出かけてインクラインを見ている。そして二三日にニューヨーク発、五日をかけて二八日にコロラド州アスペンに到着して、デブローという人の案内で水力電気工事を見た。ここで水力発電なるものが行なわれているという情報が、彼らを引き寄せたのである。だが、「至って小規模のものなり」と彼の年譜は伝える。すでに田辺の胸中には、蹴上の発電所の構想がはっきりとまとまっていたようである。

アスペンもまた、アメリカ開拓の歴史のなかで生まれた典型的な急造の町であった。ここは鉱山町である。一八七八年につくられたこの町は、一八八七年になって銀山のブームで人口が急膨張していた。ここでは一八八四年に大火があり、防火用水の必要性が痛感されていた。そこで翌年から水路の計画が始められ、同時期に水力発電の計画も起きていたのだった。水力発電の最初の成果は、一八八五年五月一九日にランプを点すというデモンストレーションで人々の目に触れた。最終的には四九フィートの落差を用いた一五〇馬力の水力タービンが、二台の発電機を回す計画であった。これは一八八八年秋までに建設された。まさしく田辺朔郎の訪問の二、三か月前のできごとである。田辺がここで会ったデブローという人物は、アスペン最大の鉱山会社であるアスペン鉱山精錬会社の経営者ジェローム・B・ホイーラーの片腕として働いていた冶金技術者、ウォルター・B・デブローである。彼は一八七三年にプリンストン大学を卒業したアスペン最初の本格的技術者だった。彼はホイーラーの財政・技術顧問を務めていた。

興味深いのは、彼らのアスペン鉱山精錬会社の株主総会が、一八八八年一二月一一日に、ニューヨークのウォール街五四番地の本社で開かれていることである。この日、田辺朔郎はまさしくニューヨークにおり、「同地の電気事業を見」ていたのである。彼はその後アスペンに直行するのであるから、アスペン鉱山精錬会社の株主総会のことも聞いており、デブローにもニューヨークで会っていたのではないか。驚くべきタイミングであり、情報収集能力である。

こうしたアスペンでの視察を終え、西海岸に出る途中、田辺朔郎は三一日にはネヴァダ州で皆既日食を見て、スケッチをしている。おそらくはまた技師根性を発揮して、いろいろ観測をしたのではないか。せわしない男である。

年が明けて一八八九（明治二二）年一月二日、田辺朔郎はサンフランシスコに着いた。翌日同地のペルトン社に出かけて水車の設計の打ち合わせをしている。この水車は水力タービンと言っても、発電用のものである。軸を垂直に据える水車動力のためのタービンとは異なり、軸を水平に据えて水を横から当てる形式のものであった。田辺が発注したのは、蹴上の発電所に据えて発電機を回すためのものである。ペルトン社はアスペンの水力発電所の水車を製造した会社であり、この技術の開発主体であった。水平に軸を置く形式の水車の発明をしたことによって、後にフランクリン研究所からクレソン・メダルが同社のレスター・A・ペルトンに贈られている。田辺は同じ形式の水車を発注したのである。もっとも、田辺が注文したのはアスペンのものよりはるかに規模の大きいものだった。アスペンの発電所は一五〇馬力にすぎなかったのに、蹴上では二〇〇〇馬力の発電機を計画していたのであるから。蹴上発電所はこのタービンを使って二台の発電機を回し、八〇キロワットの電力をつくり出すことになる。

一月五日午後三時、すべての仕事を終えた田辺朔郎は、ベルジック号三〇〇〇トンに乗船して帰国の途についた。二三日には横浜着、三一日に京都に戻った。予定より一〇日も早い帰着であり、ほぼ二か月の過密な旅であった。そして休む間もなく二月一〇日から「水力配置法調査報告書」の作製に取り掛かる。ここで水力発電の計画が正式に取り入れられることになるわけである。

つむじ風のようにアメリカ大陸を横断した田辺朔郎は、充分な成果をあげて帰国した。だがこのせわしない出張の旅程のなかで、田辺がホリヨークとローエルを視察したのは、敢えて言うならばそれまでの行きがかり上のことではなかったか。これらの町は水車動力の工場地帯である。琵琶湖疏水計画における動力用の水利を、水車動力から水力発電に切り替えた時点で、これらの町を訪問することの意味は失われていたと言ってよい。実際、田辺はモリス運河については二度も視察を繰り返して、インクラインを調査しているのに、これらの町にはそれぞれ一日ずつを当てただけである。インクラインや電気事業についての視察が、せわしい日程のなかで精一杯の日数をとり、年末のあわただしさのなかでのアスペン行となったのに比べて、それはいかにもとって付けたような日程でしかない。それはパワー・カナル・システムをとりやめることを決心したうえでの、駄目押しの視察であったからだろう。事実、彼はモリス運河を視察した直後の一一月二五日に電報で、そしてホリヨークとローエルを視察してからニューヨークに戻った一二月九日に書面で、インクライン工事を彼の帰国まで一時中止することを疏水事務所に申し入れているのである。発電という計画を射程に入れれば、一時インクラインについても見直す必要が生ずる。

ホリヨークの町はマウント・ホリヨーク大学という文化的な結実を生み出しはしたものの、現在の町自体はさびれた、斜陽の工業地帯になってしまっている。工業は時代とともに移り変わり、工業力の生み出した富を文化に転じた大学だけが、この町の現在を支えているという印象なのである。同じようにローエルの町も、現在では工業都市としての力を完全に失ってしまっている。ここもまた典型的な斜陽工業都市である。だがローエルは、ホリヨークのように整然としすぎた配置計画は持っていない分、町には景観の変化があり、水路網にもピクチュアレスクな趣きがある。いまではローエルは廃れた工業都市として、産業考古学の観光地として売り出している。町の街路に、かつて工場で用いられていた巨大な歯車を抽象彫刻のように置き、昔の工場を見学ルートに組み、観光客に一九世紀の工業のシステムを垣間見させるのだ。

ローエルの町は、ビートニックの詩人・小説家のジャック・ケルアック（一九二二―六九年）の育った町としても売り出そうとしている。彼の名を冠した小公園もつくられている。ケルアックはフランス系カナダ人の移民の子として生まれ、高校までこの町で育った。小学校に入るまではフランス語だけで暮らしていたという。第二次世界大戦後の米国がベトナム戦争に向かってゆく時代を生きた若者の、荒廃してゆかざるを得ない心情を示した代表作『路上』を残して、彼は五〇歳にも満たない若さで死んでいった。ローエルの町は、そうした若者の原風景なのであった。そこに明るい「文化」の香りはない。まさに荒廃した工業都市がローエルだったのである。

水路という機能的なシステムは、それが機能的であればあるだけ、機能が変化したときには、新しい機能についてゆけなくなる。ひとつの目的に沿って完璧に組みあげられた水路網は、水力の時代が終わるとともに、ほかに何の利用価値もないシステムに転落してしまうのである。機能主義の寿命とはそうしたものだ。ローエルの町は、まだ発展段階をたどれる水路網を示していて、それだけに水路網としては不完全である。だからその景観を観光地化する余地があった。けれども完璧な水路網を計画したホリヨークは、工場増築のための敷地さえ余っておらず、しかも水路は機能的かつ機械的で、観光地としての魅力すら生み出せていない。

田辺朔郎が水力の利用を水車ではなく、発電に求めたことは、時代の変化を見抜く大変な慧眼であった。時代的には、琵琶湖疏水が日本におけるパワー・カナルの最初にして最後の例となっても全く不思議はなかったからである。もしも疏水がパワー・カナルとしてつくりあげられていたならば、南禅寺から若王子にかけての一帯は、規模は小さくともローエルのような工業地帯となり、そしていまそれらが斜陽のなかに立ちすくんでいたに違いない。世界でもまだ例がなく、アスペンで試みられただけであった水力発電を、その完成直後に視察し、それに賭けたことが、すべてを決めた。結果的にそれは京都に日本最初の市街電車をもたらし、電力の供給を可能にした。田辺が米国を訪れた一八八〇年代後半こそ、パワー・カナルの絶頂期がまさに下降に転じようとする転換点だったのである。田辺のこの慧眼をいくら誉めても誉めすぎということはないであろう。しかしアスペンの町も、田辺が訪問した直後の一八九〇年代には、銀の価格の暴落によって一気にその勢いを失ってしまう。アスペンが息を吹き返すのは、ようやく一九三〇年代になって、文化とレクリエーションの町に生まれ変わってからである。田辺はよい時期によいところを訪れた、強運の持ち主でもあったようだ。

だが、田辺朔郎が渡米以前にすでに天才的な計画を行なっていた疏水の支流、南禅寺から若王子に向かい、白川をロアー・カナルとして水を落とすはずであったアパー・カナルの計画はどうなったのであろうか。すでに水路閣の設計は彼の出発までに決定されていたし、支流の水路は着々と建設されていた。結果的には、支流はアパー・カナルとしてではなく、いわば単なる用水路として完成されてゆくのである。

疏水の機能と意匠

琵琶湖疏水の水量は立方尺［各辺一尺＝約三〇センチメートルの長さを持つ立方体］を単位として、毎秒どれだけの水量が流れるかを計算していた。大津から取り入れられる水量は毎秒三〇〇立方尺、流速は毎秒三尺から四尺であった。このうちの六分の一の水量、すなわち毎秒五〇立方尺の水が支流に流れ入っている。この水量は、鹿ヶ谷のあたりで白川に落ちることによってタービン型の水車を回す予定であったものを、急遽縮小して決定された水量である。本来この支流は、幹線として毎秒一〇四立方尺という大量の水を動力用に流す予定だったのである。そして白川との間の落差を三段から四段に分けて、さまざまな工場を建設して、水車動力を配置するというのが、当初の「水力配置方法」の腹積もりだった。

一八九〇（明治二三）年三月に立案され、北垣国道知事の決裁を受けた「疏水及び編入地域を中心とする市街画定案」という文書が残されており、京都市電気局編『琵琶湖疏水及水力使用事業』に収められている。これには、疏水が完成した暁には周辺地域が新たな発展を遂げるであろうから、それに対応した将来計画を立てなければならないとして、幅一〇間の一等道路から幅四間ないしは三間の四等道路にいたる、主として道路計画を中心とする市街地の未来像が描かれている。

それによると、「『インクライン』下ヨリ鴨川迄疏水本線両側道路及若王子前ヨリ西疏水本川北側道路ニ合スル處迄ハ工商業共運河ノ利用ヲナス」のに最も適当だ、としている。これはほぼ現在の「哲学の道」に近いところである。本来は、運河と工場がこの地域を支配するはずだったのである。また、「鴨川牧場南角ヨリ聖護院町黒谷門前迄」「三条通リ粟田青蓮院門前ヨリ吉田町ヲ経テ高等中学校前迄」「二条通藤井紡績会社東側仏光寺ヨリ聖護院ヲ横断シ百万遍西際道路迄」の三地域も、「商工業」

の適地だとされた。

興味深いのは、「南禅寺門前ヨリ永観堂前若王子前ヲ経テ銀閣寺門前迄」は、商工業の利用上はほかの地域に比べてやや落ちるものの大差ないが、「京地ニテ最愛スヘキ東山ノ風景佳光ニ遊フ」人が集まる「最良ノ風景ヲ有スルノ勝地」だから、「之レニ充分ノ便ヲ與フルハ至当ノ事ト見込ム」と述べていることである。工業地帯になるべきこの地域ではあるが、東山の山裾は風光明媚な景勝地として発展するべきであるとの認識も、当局にはあったことがわかるのである。京都振興は、総合的な観点を内包して進められたのであった。

ここに見てきた地域は、すべて一等道路を通すという計画になっている。だが実際には、計画はその時のなりゆきで変化する。疏水の工業用水としての利用計画が水車から水力発電に切り替わることによって、パワー・カナルとなるべきであった疏水支流は灌漑用水と農業用水車のためのものにすぎなくなってしまった。この水の恩恵をこうむった白川村の村民たちが、田辺朔郎に感謝の念を込めて「工學博士田邉朔郎君頌徳紀念」の文字を刻んだ石灯籠を贈ったにせよ、それを受け取る田辺の心中は複雑なものがあったに違いない。彼の疏水支流は、当初の計画とは異なって、農業用水専用になってしまったのだから。この石灯籠を受け取ることを彼が固辞し、結局それが真如堂に奉納されたのは、そうした田辺の心を物語るできごとであったに違いない。

疏水を計画するときに、その基本となる水量は、先にも述べたように毎秒当たりの立方尺によって計った。そして琵琶湖疏水では、毎秒一立方尺の水量を「一個」と称した。これにしたがえば疏水全体は三〇〇個、そのうち支流は五〇個分の水量を持っていたのであった。

水量に対する考え方は北米のパワー・カナルにも見られた。しかし米国では水車を回転させるのに必要な水量を単位として、それを、そのポテンシャル・エネルギー全体としてミル・パワー（水車動力単位）と呼んだ。ミル・パワーという考え方をとれば、それは水量と落差との積によって決まるエネルギー量だということになる。ミル・パワーという考え方を最初に確立したローエルでは、水位の落差が三〇フィートあるときには毎秒二五立方フィートの水量が一ミル・パワーとされ、落差一七フィートでは毎秒四五・五立方フィートの水量が、落差一三フィートのときには毎秒六〇・五立方フィートの水量がそれぞれ一ミル・パワーとされた。つまりミル・パワーというのは水量ではなく、経験的なエネルギー単位なのである。ローエルで確立されたミル・パワーという概念は、その他の町でも使われ、この権利はあたかも不動産の所有権のように登記され、売買された。

それに比べると琵琶湖疏水に用いられた「一個」という単位は、動力エネルギーとしての単位ではなく、あくまでもスタティックな水量単位である。しかし、パワー・カナルとしての機能を持つことをとりやめた疏水支流には、それで十分だったのであろう。現在では尺貫法にもとづく「一個」という水量単位は用いられてはおらず、水量の契約には、毎秒の水量をリットルで計量したものが用いられている。契約書を確認できた「洛翠」庭園の場合、毎秒四リットルの水が引き入れられていた。一立方尺の水は約九リットルになるから、現在の水量契約の単位は、かつてに比べると節水型になっているのかもしれない。

疏水の全体像を眺めてみると、琵琶湖疏水は疏水すなわちカナル・システムが発揮し得る能力のほぼすべてを網羅した体系となってゆく。まずインクラインに象徴される運河としての機能。これはトランスポーテーション・カナルである。そしてパワー・カナルとしての機能は水車動力からさらに一歩進んだ水力発電システムに結実した。また、飲料水の供給、灌漑用水路（イリゲーション）、さらには後に御所や東本願寺で防火用水としての機能もはたすことになる。まさしく疏水機能のカタログと言うべき多機能複合疏水の成立が見られるのである。田辺朔郎の天才と明治工業精神の精華と言うべきであろう。機能に徹してはいるが、機能を単純にひとつだけ追求せずに複合的に追求したことが、琵琶湖疏水に長く生き残る命を与えた。そしてその命は、その最後に庭師・小川治兵衛の庭園群を生み、「哲学の道」を生むほどに長かったのである。

ここで興味を引かれるのが、この疏水の各所に建設された構造物の意匠である。それぞれのトンネルの入口と出口には、実にしっかりとした造型を持つアーチ型の洞門が設けられている。また疏水の完成に続いて着工され、蹴上からさらに御所に用水を分流するために建設されたポンプ場も、トスカナ式のオーダーを持った古典主義様式を採用した建築となっている。水路閣が、ローマの水道橋を連想させる日本で唯一の連続アーチ橋として観光客に人気が高いのも、それが極めて本格的な様式細部を持っているからである。

疏水の施設群は、古典主義様式の構造物として、日本で最も早い時期に建設された本格的なもので

図1-9　蹴上のポンプ場

ある。また、蹴上のポンプ場が、最も精妙な様式構成を持つ建物の立面を入口のある側ではなく、疏水の水路に面したほうに向けているのも興味深い（図1―9）。水路を中心にして、水路に向かってすべてがデザインされているからである。

宮殿や官衙ならいざ知らず、土木構造物にこれほどまでに本格的な様式が用いられていることに、人は奇異の感を抱くかもしれない。なにしろこの頃は、全国各地に擬洋風の域を出ない中途半端な洋風建築が数多く建てられていた時代なのであるから。

この疑問は、土木構造物であるにもかかわらず本格的様式が採用されているのではなく、土木構造物であるからこそ本格的様式が用いられているのだと考えることによって解決する。本格的な様式構成をもったアーチやヴォールトや洞門は、西欧からもたらされた土木技術体系の、ワンセットをなす一部であるからこそ、本格的な西洋の様式構成をもって導入されているのだから。

建築物の場合であれば、日本の文化・歴史を勘案して、創意を込めた折衷を行なうことがあり、そうした様式の改変や簡略化が一種の独創性の現われとなり得る。しかし技術の一分野である土木構造物には、完璧なかたちでの西欧的な造型言語が採用されるのである。ここに日本の近代化のプロセスのなかでの、芸術的分野と技術的分野での、造型の摂取の違いを見ることも可能であろう。

たとえば「電気ブラン」で有名な浅草の神谷バーのオーナー神谷伝兵衛が、長年の夢であった一貫したワイン醸造を行なうために、一九〇三（明治三六）年に茨城県牛久に建設した神谷シャトー（現在は牛久シャトー）の建物は、貯蔵庫、発酵室、びん置き場、地下室苗木場などを持つ工場建築でありながら、フランス風の本格的洋風建築である。これは工場であるにもかかわらず本格的な洋風建築だと考えるからおかしいのであって、工場建築だからこそフランス醸造技術の一環として本格的洋風建築の様式が採用されていると考えるべきものなのである。この建物は建築芸術の表現として建てられたというよりも、技術体系の一部として忠実に建設されているのである。

同じような例として、幕末に薩摩藩が洋風技術の導入を図って建設したモデル工場、尚古集成館に収められている図面がある。現在、尚古集成館には、蒸気機関のフレームを日本人が和紙に描いた図面が展示されているが、その、おそらくは鋳鉄製と思われるフレームは、ゴシック様式によって構成されているのである。ゴシック様式の特徴は、円弧をふたつ組み合わせたかたちの、先が尖ったアーチである。これは尖頭アーチと言われるもので、窓や天井のかたちにしばしば現われる。和紙に描いた尚古集成館の図面には、この尖頭アーチが鮮やかに描き込まれているのである。尚古集成館が鋭意、近代西欧技術の導入に務めていた幕末期は、ヨーロッパ世界においてはゴシック・リヴァイバル（ゴシック様式復興）の波が最も盛んであった。この当時はなんにでもゴシック様式の衣を被せたもので、機械にさえゴシック様式の構成を与えたりしたものだった。西欧の技術導入に励む薩摩藩の武士たち

図 1-10　琵琶湖疏水トンネルの入口

は、おそらくゴシック様式のなんたるかを全く考えることなしに、いや、それがゴシック様式の特徴であることなども全く知らずに、蒸気機関のフレームを尖頭アーチによって構成したお手本の図面を孜々として写し取っていたのである。

琵琶湖疏水建設は、尚古集成館からは三〇年ほど後であるから、田辺朔郎たちは土木構造物を飾っている古典主義様式の意味するところは理解していた。この疏水が京都の風光明媚な場所を縫ってゆくものであることは、つとに多くの人々に気づかれていたし、疏水工事着工後の一八八六（明治一九）年に京都にやってきた米国のアーネスト・フェノロサは、京都人を前に美術の重要性を説いていた。北垣国道も、京都の名勝地の保存・整備に努力しなければならぬと考えるようになったと言われる。田辺も「トンネルの入り口だけは美術をやったらどうか」と考えたと言われ、すでに述べたように、工部大学校造家学科出身の小原益知が滋賀県に勤めているのを知り、彼にデザインをさせた。そのとき土木技師たちは、そうした様式を簡略化したり改変したりすることなく、正確に採用させたのだった（図1―10）。

「芸術」と「技術」

ここで、唐突のようであるが、幕末から維新にかけての「芸術」の概念を考えておきたい。なぜなら、われわれがいま言うところの「芸術」という概念は、「哲学」と同じように、近代の産物だからである。言葉としての「芸術」は江戸時代から存在していた。ただし、意味が異なっていたのである。江戸時代における開明的学者であった佐久間象山は、「東洋道徳・西洋芸術」という言葉を唱えていた。ここでいう「芸術」とは、現在の「科学技術」に近い概念であった。したがって、琵琶湖疏水が芸術的造形を示していることも、佐久間象山的見地に立った「芸術」を用いてつくった構造物が、明治以降の概念によるところの「芸術」性を新たに帯びたものだと見てもよいのかもしれない。

しかし一般的には、江戸時代における「芸術」という言葉は、佐久間象山のいう意味とも多少異なっていた。一八五五（安政二）年に、大森政富が著した『芸術秘伝図会』、桜所散人が訳した『芸術野掛教』という書物は砲術書であった。この当時、芸術という言葉は、一般には砲術を含めた武芸と武術を意味していたのである。一七七三（安永二）年、平林正相は『芸術万病円』という剣術書を著しているし、一七八七（天明七）年、古萱軒緑水が著した『芸術要覧』は『本朝弓馬要覧』のうちの一冊であり、ここでも「芸術」は「弓馬の道」のひとつであった。一七二九（享保一四）年には、丹羽樗山著の『天狗芸術論』という剣術の書物も現われている。また、柏淵有義著の『芸術武功論』という正木流の剣術書もある。砲術家であった田辺朔郎の父・孫次郎は、彼の時代においては「芸術家」だったということになる。

明治に入ってからも、一八八二（明治一五）年に出版された伊沢修二著の『教育学』のなかに、「此諸種の武芸練習によりて、強壮なる体格を造成したるもの甚多しとす。然して此等の芸術は、体育の法に於て各異なるところあり」というような文章を見出すことができる。ここでもまた「芸術」という言葉は、「武芸武術」の意味をもって用いられているのである。

こうした江戸時代における「芸術＝武術」という観念に対し、英語でいうファイン・アート（Fine Art）という概念はどのようなものと捉えられたのであろうか。ファイン・アートの訳語として考案されたのは「美術」であった。訳語を案出したのは大鳥圭介であったと言われる。一八七三（明治六）年オーストリアのウィーンで開催される万国博覧会の出品勧誘のためのパンフレットには、「音楽、画学像ヲ作ルノ術、詩学等ヲ美術ト云フ」という言葉が掲げられて、美術なるものの概念を示し、出品を募っている。ここでは、「美術」の概念のなかに「画学」「像ヲ作ルノ術」という造形芸術のみならず、「音楽」「詩学」も含めていることが注目される。ここでの「美術」は、むしろ現代の「芸術」の概念と言うべきものである。

大鳥圭介の著書のなかでは、一八七七（明治一〇）年刊の『日本美術』において「美術、図画彫刻模型家屋の装飾等の工芸を云ふなり」という言葉が見出される。ここでの美術概念は現在の造形芸術に一致する。美術の概念それ自体も、明治初年に多少変化しながら定着していったことが窺われるのである。大島は幕府におけるテクノクラートの典型のひとりである。明治期の技術体系の構築、概念の導入などにあたって、旧幕府内で蓄積されたポテンシャルは、文明開化の原動力として活用されている。田辺朔郎の父も、維新以後まで生きていたならば、大島と同じ系譜につらなる人材として活躍したかもしれない。田辺は可能性としての父の軌跡を密かに胸に抱いて、技術者としての自己の道を歩んで行ったように思われてならない。

明治時代の科学技術は、西欧のそれを直輸入するものであって、技術を成立させた思想から技術をことさらに切り離し、小手先の応用技法としてのみ輸入することに汲々としていたと、しばしば批判される。その独創性のなさが現在にいたるまで、基礎的研究をないがしろにし、結果のみを模倣、応用する態度につながっている、と。

だが、ほんとうにそうであったろうか。明治初期に、多くの概念用語が、漢語を用いて翻訳語として定着していったことは、よく知られている。西周が「哲学」という言葉を訳語として定めたのは有名であるし、田中不二麿は「考古学」という言葉を定着させ、明治中期になってからは、伊東忠太がそれまでの造家学という言葉にかえて「建築学」という言葉を定着させている。現在われわれが使用している多くの概念用語は、明治期の人々の営為によって定められたものなのである。そこに、なんの葛藤もなく、なんの煩悶もなかったとは、とても考えられない。かれらは概念の意味するところを考え、和漢の用語を渉猟して、概念を概念として翻訳したのである。「和魂漢才」から転じた「和魂洋才」という言葉が、明治時代の精神を現わすものとされることがあるが、漢学の素養をもって洋学に適用するには、多くの思索が必要とされたに違いない。そこに単純な技術至上主義的な、概念と技術の分別が行なわれていたとは、考えられないことである。

一時期の近代主義者たちが主張したような、思想の深みを理解したうえでの技術の摂取という方法は、はたして可能であるのか。そしてその時には何が起きるのか。西欧の科学技術を西欧思想の理解のうえに摂取するなら、そこには非西欧人である自分たちの独自性が存続する余地があるであろうか。思想的にも理念的にも西欧近代科学を自家薬籠中のものとして、そこに「和魂洋才」といった切れ目を感じさせないとしたら、それは「洋魂洋才」ということになってしまい、一種の「名誉白人」のステータスを得るにすぎないのではないか。日本のような非西欧圏の国が植民地化せずに近代化を遂げるには、「和魂洋才」の使い分けこそ、不可避の道だったのではないか。

だがここに、もうひとつの問題が起きる。西欧的な「技術」は「表現」を持つであろうか。技術がそれ自体では客観的法則の実現でしかなく、表現の幅を与えることなど不可能であれば、われわれ日本人は、近代化を進める自らの姿をどのようなかたちで表現すればよいのであろうか。西欧の芸術をそのまま持ち込んでも近代日本の表現とはならないであろうし、日本の伝統的芸術表現をそのまま使い続けても、それは近代の表現とはならないであろう。

「和魂洋才」はどのような表現をもたらすのか、琵琶湖疏水の歴史はこうしたテーマに対する興味深い歴史的解答を与えてくれることになるのである。小川治兵衛という庭師は、近代化を進める日本が、そして近代化の中心をなしていた人びとが求めた文化のかたちを、庭園のなかに現わしたのであった。それは近代化が西洋化と同義になってしまわないためには、どうしても必要な表現だったのである。

「美術をやる」という表現は、いかにも即物的な技師たちが技術の産物に様式的装飾を加えている感じが伝わって面白い。工学技術と古典主義的様式言語は、ひとつながりのものとして摂取されたのだった。技師たちの目にはペディメントを持ち、キーストーンを備えたトンネル洞門のデザインは、技術の一部と考えられたのかもしれない。古典主義的様式を身にまとった洞門は、技師たちの意識のなかでは「美術をやった」というだけの、即物的なものだったのだろう。

実際、これらの洞門のデザインは欧米各地のトンネル洞門のデザインの引き写しに近いものだったという。『琵琶湖疏水の一〇〇年』によれば、次のような対応がつくという。

第一トンネル東口と第三トンネル西口
　スイス　セントラル鉄道　ハーベンシュタイン・トンネル（一八五三—五七年）
第一トンネル西口と第二トンネル東口
　米国　トロイ・グリーンフィールド鉄道　フーザック・トンネル（一八七四年）
第二トンネル西口
　ドイツ　クライエンゼン・ホルツミンデン鉄道　イッペン・トンネル南口（一八六二—六四年）
第三トンネル東口

ドイツ　ホルツミンデン・アルテンベッケン鉄道　アルテンベック・トンネル西口（一八六一年）分線トンネル

ドイツ　ホルツミンデン・アルテンベッケン鉄道　アルテンベック・トンネル東口（一八六一年）

これらのデザインは、疏水事務所が購入していた参考書、ヘンリー・S・ドリンカー著『トンネリング（第二版）』（一八八二年）に収められている巻末の図版から採られたという。デザインには独自性と創意があるといった観念からは無縁の、実におおらかな設計態度と言うべきであろう。「美術をやる」というのは、こんなことだったのだ。けれどもその結果、妙に創意を加えたりしない、オーソドックスな古典主義様式が日本にもたらされることになった。

だが、技師たちは「美術をやった」だけではなにか不十分だと感じたようである。そこで、これら土木技術の産物に文化的な意味づけを与えるために、彼らは極めて東洋的な手法を加えた。すなわちトンネルの洞門に、詩的な言葉を一種の扁額のようにして刻み込んだのである。実際の文字はこの国家的大土木事業に尽力した政治家たちが揮毫した。

第一トンネル東口　「気象萬千」（伊藤博文）

第一トンネル西口　「廓其有容」（山県有朋）

第二トンネル東口　「仁以山悦智為水歓」（井上馨）

第二トンネル西口　「随山到水源」（西郷従道）

第三トンネル東口　「過雨看松色」（松方正義）

第三トンネル西口　「美哉山河」（三条実美）

このほか、「ねじりマンポ」とよばれる蹴上の歩行者用トンネルの入口両側には北垣国道知事が「雄観奇想」と「陽気発処」の文字を揮毫し、後に第二疏水が工事された際には、田辺朔郎も久邇宮邦彦と並んで文字を書いている。

揮毫者の顔ぶれの豪華さは琵琶湖疏水の国家的意気込みを改めて感じさせるものである。ここに現れる人びとは琵琶湖疏水建設に影響力を持ち、それを推進した政治家たちであり、そのなかに小川治兵衛の庭園の出発点ともなった無鄰庵庭園の主、山県有朋の名があることに、われわれは注意を払っておくべきであろう。また彼らがこのような文字を刻むことのうちに、当時の日本が西欧的土木技術体系をどのように摂取しようとしていたかの態度が窺われる。

一言でいうならばそれは、西欧の技術体系を造形にいたるまでワンセットで導入しながらも、最後の一点において日本の文化的アイデンティティを付与しようとする態度である。日本の欧化政策のイデオロギーのなかにその存在が指摘される「和魂洋才」の態度そのものであると言ってよいであろう。

しかしながら注意しなければならないのは、「和魂洋才」という態度は、なにを「洋才」の領域と見なすかによって、「和魂」の発揮される領域や形態にも大きな違いが生ずるという点である。琵琶湖疏水においては、かたちを持つ要素は、一般に芸術的分野に属すると考えられる古典主義的造形をも含めて、すべて西欧技術体系の一部、すなわち「洋才」の体系として受けとめられたのだった。それゆえにこそ各洞門には画竜点睛をなす「和魂」の現われとして、銘文が揮毫され、扁額のように掲げられたのであった。

そうした意識を裏に秘めた国家的プロジェクトであったがゆえにか、琵琶湖疏水はその近代技術史上の地位にふさわしいスケールをもってそれに拮抗する、近代日本の文化表現にも影響力を持つようになるのである。それはあたかも、疏水工事全体を「洋才」の成果と見たときに、それに見合う「和魂」の発露とも思われるものであった。ここからはるかに小川治兵衛の庭園群と「哲学の道」がはじまるのだとも考えられる。

疏水の新たな利用法

ここでもう一度だけ、疏水工事のごく概略を振り返っておく必要がある。

一八八一（明治一四）年、京都府知事になった北垣国道は、上京して琵琶湖疏水事業を当時の参議であった伊藤博文、内務卿であった松方正義らに訴え、翌年から本格的な測量に着手し、一八八三（明治一六）年に実測全図を完成する。そしてこの年末、はじめて琵琶湖疏水起工特許を内務、大蔵、農商務の三卿に請願した。いくどかの調整の後、正式に疏水起工特許の指令が内務卿から下ったのは一八八五（明治一八）年一月二九日のことであった。主務大臣としてこの工事開始を許可したのは、当時の内務卿・山県有朋である。起工式は一八八五（明治一八）年六月二日に大津の三尾神社で、翌三日には京都の八坂神社でそれぞれ挙行された。

こうして起工された工事は五年の歳月を費やして一八九〇（明治二三）年に完成し、三月一五日には全線路の通水を試みて良好な結果を得、四月一日には疏水工事奉告祭を大津と京都で行なって、九日に竣工式を挙げたのである。

竣工式には天皇、皇后がともに滋賀と京都を訪れ、総理大臣、海軍大臣、大蔵大臣、文部大臣も列席した。このときの総理大臣は山県有朋、海軍、大蔵、文部の各大臣はそれぞれ西郷従道、松方正義、榎本武揚である。この顔ぶれと、疏水の洞門に掲げられた扁額の揮毫者たちがよく一致することに気づくであろう。扁額の揮毫依頼は、疏水工事への貢献度を勘案した、工事関係者から政治家たちへの謝意のしるしなのである。

『琵琶湖疏水沿革誌』はこの工事について、「惟ふに本工事は我国未曾有の大事業にして世上斯くの如き大経験が無かつたので、当初起工の特許を仰ぐ時に際し庁議の一定を見ず遂に叡聞に達したと仄聞してゐるが、今此の御臨幸を辱うして其の淵源の又遠く且つ深いことを知らなければならぬ」と記しているが、それだけに政治家たちの力、とりわけこの工事の特許を与えた当時の内務卿の決断は、工事関係者には大きなものに映ったと言えるであろう。その決断を下した内務卿であった山県有朋が、この竣工式には総理大臣として出席している。山県の存在は疏水関係者には極めて大きなものだった。

琵琶湖疏水の目的は、水運のための運河、エネルギー源としての水力、そして灌漑用水、防火用水、飲料水を得ることにあったと述べた。しかしながらエネルギー源としての水の利用が、一八八七（明治二〇）年の段階で水車から水力発電に切り換えた計画となってからは、水量、特に疏水支流の水量

図 1-11　並河靖之邸の庭

に余裕を生じた。すでに述べたように、支流には当初の計画より少ない五〇個分の水だけが流れていたが、それでもまだ水量には当初、余裕があったのである。

やがて、この疏水の水をこれまでの計画とは異なる用途に用いる動きが生じてくる。その嚆矢は下京区の三条白川筋東入一丁目堀池町二四番地に住む、七宝作家・並河靖之が自らの庭に水を引いたことであった。並河は涛川惣助とならぶ当時の七宝界の代表的作家で、一八四五（弘化二）年九月一日に京都に生まれ、一八五五（安政二）年八月、青蓮宮に仕える並河靖全の娘・カジと結婚し、婿養子となって並河家に入った。旧姓は高岡である。青蓮宮家に仕えるかたわら桃井英升に学んで七宝において一家をなし、一八七六（明治九）年には横浜の外国人商社と取り引きをするまでになったという。一八七八（明治一一）年のパリ万国博覧会に出品して自信を得、青蓮宮家を辞して独立した。一八九〇（明治二三）年の第三回内国博覧会で一等をとり、一八九三（明治二六）年のシカゴ万国博覧会には純日本式の花瓶一対を出品して好評を博した。この花瓶には、二〇〇〇円で買い手がつき、それが会期の終わりには為替の変動で二六〇〇円になったという。彼の際立った業績は、黒色透明の釉薬を発明したこと、七宝のデザインに古代の作品のモチーフをとり入れた点にあると言われる。正倉院御物をはじめ、古代からの有名な作品を参照し、七宝に日本風のデザインを持ち込んだのだった。一八九六（明治二九）年には、涛川惣助とともに帝室技芸員となった。晩年には京都貿易銀行監査役につくなど、実業界においても活躍した。

並河靖之は白川筋の自宅に七宝の研磨用に疏水の水を引き入れていたが、この水の一部を自邸の池水に利用したのだった（図1―11）。一八九四（明治二七）年のことである。一八九六（明治二九）年、この邸宅を訪れた京都のジャーナリスト・黒田天外は、「庭園は幽邃閑寂を極め、筧水にやあらん浣然として鳴る、結構頗る大に、殆ど人目を驚かすに足る」と、その『名家歴訪録』中に記している。

並河邸は疏水の水を利用したと言われるものの、それが建っているのは白川のほとり、いまの平安神宮の参道である神宮道から脇に入ったあたりである。白川の水を七宝研磨用に引き入れると同時に庭に水を入れるのであれば、白川からひとつ水門を開けば済む。当初並河邸に用いる水は白川のものであったであろう。無論、白川は琵琶湖疏水のロアー・カナルとして役立つはずだった水路であり、疏水から分かれて市内を南下してゆくのであるから、その水を疏水の水だと称することもたしかにできる。現在は、並河邸の池には疏水の水が鉄管によって導き入れられている。

しかし、私邸の林泉のために、専用に疏水の水を利用したのは、実際には並河靖之ではなく、山県有朋をもって嚆矢とする。

2章　はじまりとしての山県有朋

三度目の無隣庵

琵琶湖疏水工事に特許を与えた内務卿であり、その竣工式に天皇、皇后を迎えた総理大臣であった山県有朋は、戦前の日本の政治体制の根本に君臨した人物であった。彼の小伝を書いた政治史学者・岡義武は、その『山県有朋』の序文に、次のように述べる。

「今かりに明治・大正の政治の舞台に動いた沢山の人物について、その歴史的分布図のようなものを作ったとする。その場合、山県有朋は長い生涯において演じた役割の故に、また彼を中心にひろがった大きな派閥網の故に、この分布図において中央山脈のような地位を占めることになろう。そして、空に聳えるこの大山脈の底には、維新以来築き上げられて来た盤石のごとき天皇制があったのである。そこで、彼の生涯を語ることは、明治・大正史を語ることである。彼の生涯を辿ることは、それ故に、わが国近代史の過程と構造とに特殊の視角から照明を与えることに役だつと思われる。」

山県有朋個人の生涯のなかに、近代日本の政治史そのものを見ることができるとする考えは、多くの人に認められている。岡義武は彼のうちに「政治的人間」(Homo politicus)を見ることができるとまで言う。「政治的人間」とは理念だけでなく、行動様式を備えた人間としての「政治」のことである。山県には、確かに行動様式あるいは個人の世界があった。その行動様式に、琵琶湖疏水は深い関わりをもっている。それゆえにこそ、疏水関係者は、疏水起工時の内務卿であり竣工時の首相である山県に、疏水の水を贈ったのである。

一八九四〔明治二七〕年、南禅寺の門前を下った所で、庭園の工事がはじめられた。山県有朋の京都別邸無隣庵の造営工事であった。先に並河靖之の庭園を訪れた黒田天外は、山県についても語っていて、「暇餘其雅懐を暢べらる、は、重に同庵〔無隣庵のこと〕庭園修治にありとなす」と記している。つまり山県は作庭をもって終生の趣味としていたのである。

山県有朋が無隣庵という名の屋敷を構えたのは、このときがはじめてではなかった。若い頃、長州〔現在の山口県〕吉田駅に無隣庵と名づけた別荘を建てたのが最初であり、一八九一〔明治二四〕年には、京都の二条橋の近くにふたたび無隣庵なる屋敷を設けている。最初、山県はこの第二次の無隣庵を拡張してもう少し本格的に庭など営みたかったらしいのだが、隣の地所が京都府の所有で、都市計画的理由から売却を断わられたため、購入して間もないこの土地を諦めて、翌一八九二〔明治二五〕年一一月には地所を引き払ってしまう。そしてただちに京都市内に再度土地を求めたのが、いまも残る無隣庵の地であった。つまり南禅寺の傍らの無隣庵は、彼にとって三度目のものだったのである。

図 2-1　山県有朋京都別邸無隣庵庭園

三度目の無隣庵の工事中、山県有朋は日清戦争のため中国東北部へ出征していた。留守中、彼の命を受けて無隣庵の工事を督励したのは、久原庄三郎である。久原庄三郎は房之助の父親といったほうが現在では通りがよいかもしれないが、藤田伝三郎を兄にもち、久原財閥の基礎をつくった政商である。こうしたところに武人・山県の政治力がほの見えるようである。尼崎博正、矢ケ崎善太郎らの研究によると、山県がこの無隣庵の地所を正式に自己の所有とするのは、一八九六（明治二九）年のことであった。それまでは京都市が地所の所有者であった。彼は借地のかたちで庭園と別邸を営みはじめたことになる。また、敷地の東の部分が入手されるのはさらに遅れて、一九〇二（明治三五）年のことであった。後に見るように、敷地の東側には、庭園に引き入れられた水が滝口から落ちる部分が設けられているから、現在われわれが見る無隣庵庭園の全体像が現われるのは一九〇二年以降ということになる（図2―1）。

無隣庵の庭園に疏水の水が引き入れられたのは、「防火用水」という名目によってであった。いくら何でも、庭の池のために疏水の水を与えるとは言えなかったのであろう。「防火用水」という名目のためか、疏水を引く鉄管の敷設や引水工事は、京都市水利事務所の技手によって担当されている。一方、山県有朋は「将来京都市水利事業の隆盛を企図する為め金二百円を三十五年度水利事業費の内へ寄付したき旨」京都市の参事会に出願している。京都市は山県が庭の池のために水を望んだのに対して、防火用水ということで最大限の協力を行なったのである。京都市もまた、疏水の利用形態に新しい可能性を見いだしていたのであろうか。それともあくまでも例外として、疏水の恩人のひとりである山県に、便宜を与えたのであろうか。

結果論に立てば、京都市は疏水の新たな可能性を見ていたことになるが、おそらくはそうした展望よりも、実力者・山県有朋に対して、例外中の例外として「防火用水」を提供したというのが真相ではなかったか。後からその例外に追随する人々が現われるのは、山県の庭の魅力が知られるようになった結果であると考えた方が自然である。

明治の数寄者たち

明治中期から大正期にかけては、維新後の新興有力者たちが徐々にその力を蓄え、書画骨董、造園造庭あるいは茶事に趣味の文化を展開した時代として知られる。なかでも茶事は政財界の有力者たちのサークルを中心に、盛んにもてはやされたのであった。井上馨（号・世外）はその中心で、東京内田山の自邸に八窓庵の茶室を移築し、また多くの美術品を収集収蔵したことでも有名であった。

井上馨がもっとも贔屓にした財閥である三井家の大番頭・益田孝（号・鈍翁）は、一八九五（明治二八）年に弘法大師座右銘一六字の一巻を入手したことをきっかけに、翌年から大師会という茶事の会を開く。ここに招かれるのは一流の実業家であると同時に、趣味にも卓越した教養人であるという評判から、この茶会に招かれることを人々は争って求めたという。

また、松浦詮（号・心月）が一八九八（明治三一）年にはじめた和敬会は、会員一六人を十六羅漢と呼び、順次持ちまわりで茶会を催すという趣向であった。その十六羅漢の顔ぶれは、石黒忠悳（号・況翁）、伊藤雋吉（号・宗幽）、金沢三右衛門（号・蒼天）、吉田丹左衛門（号・楓軒）、竹内専之助（号・寒翠）、瓜生震（号・百里）、安田善次郎（号・松翁）、益田孝（号・鈍翁）、馬越恭平（号・化生）、青地幾次郎（号・湛海）、松浦厚（号・鶯州）、三井八郎次郎（号・松籟）、三井高保（号・華精）、久松勝成（号・忍叟）、東久世通禧（号・竹亭）、高橋義雄（号・箒庵）であった。いずれも明治・大正の数寄者として知られる財界人ばかりである。この会員には、後に原富太郎（号・三溪）、根津嘉一郎（号・青山）、団琢磨（号・狸山）、野崎広太（号・幻庵）らが加わった。彼らの多くは山県有朋と交わり、特に益田、野崎は小田原での別荘地仲間としての社交も盛んであった。しかしながら山県自身は茶事に対しては深く参入することがなかったと言われる。その間の事情を、山県はこの時代の数寄者たちの茶道のスポークスマンであった高橋に次のように語っている。

「自分は曾て無隣庵にて、徒然の餘り京都の茶客を招待せんと思ひ立ち、既に故人に為りし松岡の老人を招ぎて、高價の茶器は禁物なり、新作品にても宜し、兎に角一通りの道具を用意すれば夫れにて足れりとて、扨てこれも故人になりし伊集院兼常などを始めとして同地の茶人を招ぎたるに、此連中が茶室にて面白さうに談話するは、某處の茶會にて斯く斯くの器物を見たり、又某氏が近頃買入れたる書畫は云々なりとて、他人の茶會の上のみを話して、當日の茶事は其方除けとなり、我が茶席を席貸して他人の茶事の談話所と為すが如き心地しければ、茶事は矢張名ある古器物を使ひて催さゞれば、結局茶人の感興を惹かぬものなりと悟り、貧乏人には茶事を催す資格なしと思ひて、其後全く断念するに至れり」(高橋箒庵『東都茶會記』中の「古稀庵の半日」より)。

ここに見られる古器物中心の茶道に対する批判は、当時の茶道界の風潮をよく穿ったものとして興味深い。山県有朋は道具比べのような茶事に嫌気がさしたのである。一説には、茶道具の収集に出遅れた山県が、茶道を貶しているに過ぎないともいうが、そうであったとしても彼はここで名物とは袂を分かつのである。彼には大名物の道具など、財力に直結するものと思えたのであろう。それよりも彼は、自分の感覚や才能が表現できるものとして、作庭を好んだに違いない。山県は自ら恃むところ甚だ強いものがあった。庭は茶事どころではない財力を必要とするが、その楽しみは世界の再創造ともいうべきもので、権力を振るいながらなされる作業でありながら、当人にはそれはセンスと感覚の冴を見せる技だと思い込めるのである。そこに権力者が庭を好む理由のひとつがある。

無隣庵の自然主義

山県有朋は庭をつくるときにも、名物は好まなかった。彼の庭園は大局的には自然主義の庭園であって、古来の作庭技法が役石を中心に据える象徴主義の庭園を目指していたのと、明らかに対極をなしているからである。そこを見越して、山県に疏水の水が贈られた。

水は疏水が蹴上の発電所に落ちる分と、支流となって南禅寺の裏に回ってゆく分とに分かれる地点から、道路を越えて反対側にある無隣庵の敷地へと導かれる。無隣庵の敷地は、奥に向かって窄まった不整形の三角形をしている。南禅寺の門前から道をひとつ隔てた場所である。ちょうど疏水がインクラインによって岡崎公園の方に落ちて行く、向かい側の地所だと言えばよい。疏水はそこで曲がって、現在の平安神宮の参道の方に向かう。疏水が大きくL字型に折れ曲がるところに、囲まれるような位置を占めているのである。地所の形が不整形になっているのも、こうした場所だからである。

この地所には池がつくられ、水が緩やかに流れることになった。水は敷地の東の端から流れ出て、庭を斜めに横切るように流れ、西に抜けてゆく。疏水から水を引いて、それがこの庭の水源となっているのである。つくられた池は浅く、庭も見通しのよい開けた庭になった。これが山県有朋自慢の無隣庵庭園なのである。

完成した庭園は、建物の側から敷地の奥に向かって喬木が植えられ、正面に連なる東山の借景を効果的に演出しているが、手前は疏水から引いた水によって開けたものとなっている。石もまた、あくまでも平らに据えられる。その結果、大庭園というにはつつましい広さであるにもかかわらず、ここには浩然たる別天地が開けている。

喬木中には、数多くの樅が見られ、これは山県の創意から出た樹種選定の結果であった。また、樅は和風本館から庭の奥を眺めた際の左手に集中して植えられ、反対側右手の境界には椎が多く植えられていることは、対比を形成するものとして注意しておいてよい。他の境界部分には多く杉が用いられている。

特殊な樹木としては、池の対岸あるいは滝口付近を選んで松（赤松）が配され、庭園奥に二本の山桜が植えられ（山県自身は葉桜三本を植えたと述べている）、本館近くに柿の木、楠の木、ヤマモモが一本ずつ植えられているのが目を引く。伝統的庭園にはあまり見られぬ喬木が手許近くに見られることは、これらが山県有朋の発案になるものらしいことを窺わせる。事実、山県が他に営んだ庭園（東京目白の本邸・椿山荘、小田原の古稀庵など）にも、樅、柿、ヤマモモなどはしばしば現われる。しかし、無隣庵庭園中央の主要樹木は楓である。

石に目を転ずれば、座敷から庭にのびる飛石の沓分石に、伽藍石とおぼしきつくり出しの施された石が据えられているのが目を引く。これは当時の庭園にしばしば見られるやり方である。伽藍石というのは、昔の寺院の柱を据えた礎石のことで、柱が当たる部分を平に盛り上がらせたようなつくり出しがあるので、それとわかる。明治以降の廃仏毀釈の波のなかで、多くの寺院は荒廃したし、遺跡から礎石を掘り出すことにも、あまり抵抗がなかった。

日本史上の争点であった法隆寺再建・非再建論争というものがある。これは法隆寺がいつ焼けたのか、またいつ再建されたのかをめぐる論争であった。この論争に有力な手掛かりを与え、法隆寺が焼失した事実を示すことになった発掘事業に、法隆寺若草伽藍の発掘がある。この発掘によって、現在の法隆寺以前に、それに重なる形で伽藍が存在していたことがわかり、法隆寺は再建されたものだという論拠となったのである。だがこの発掘も、実は一九三九（昭和一四）年に、兵庫県住吉にあった野村徳七（号・得庵）別邸から若草伽藍の心礎石が寺に返還されたのをきっかけに行なわれたものだった。現在では考えられないことだが、このように歴史的に重要な礎石でさえも、当時は人手を転々として、貴顕紳士の邸宅に据えられていたのである。この一事を見ても、伽藍石がこの頃どれほど人気を呼んでいたかが知られるであろう。

だが無隣庵では、伽藍石はそれほど重要な形で用いられてはいない。そもそも庭全体の構成においても、いわゆる三尊石であるとか鶴亀の島であるとかの、役石は見当たらない。すべてが自然主義的に、いわば風景として構想されているのである。無隣庵庭園内にはひときわ目立つ巨石があり、これは豊太閤が切り出しあぐねた大石を醍醐から引いてきたものという。巨石を遠く配して、一種の自然景観とするのが方針となっている。

無隣庵庭園には建物がどのような関係をもって建てられているであろうか。ここには和風と洋風の二館が建てられ、山県有朋の京都別邸としての役割を果たすようになってはいたが、主人の意識はあくまでも庭にあったようである。洋館について山県は、先にも見てきたジャーナリストの黒田天外に向かって「どうもこんな建築は妙でないが、物を蔵れる倉庫がないからそれで造つたのだ。ヲ、、いづれ鬱蘙つた樹木などで此方は遮蓋すつもりぢやが」と述べている。たしかに現在では建物は木に覆われて庭園から完全に遮断されている。もともとあまり建ち姿のよい洋館ではない。「蔵」と称するのがたしかに当たっているような、防御的な建物である。おそらく無隣庵滞在中の山県は、夜はこの洋館に寝たのであろう。見るからに暗殺を恐れたつくりで、他人をほとんど信じない佇まいの建物といってもよいだろう。

こうしたつくりの建物はときおり見られるもので、山県閥のひとりであり、九七歳の長命を保った田中光顕の別邸もそうである。彼は多くの建物を建てた普請道楽の持ち主だったが、その最晩年に静岡県にふたつの別邸を建てた。ひとつは岩渕につくった広大な古谿荘という別邸、もうひとつはそこからほんのわずかの距離しかない蒲原につくった宝珠荘という小振りな別邸である。この宝珠荘がそれで、応接室の掛け軸の後ろが抜け穴になっているのはご愛嬌として、驚くべきは寝室である。土蔵づくりのようになった寝室は、内側からしっかり鍵がかけられるだけでなく、締め切った寝室内に連絡をつけるために、寝室と廊下の間の壁に郵便受けが付けられていたのである。寝室のなかの田中に、召使いは廊下から手紙を差し入れていた。文字通り土蔵のなかで寝ていた田中に比べれば、山県有朋の無隣庵洋館はまだましかもしれない。

無隣庵における主屋である和風の建物の方は、一〇畳の座敷に七畳の次の間からなる広間と、二階建ての棟を中庭で連結したものであり、庭園を眺めるための位置に建てられている。この建物も庭園から見返してみると、二階の屋根が一方は寄せ棟、他方は切り妻という収まりの悪い形をしており、これまた巧みな建ち姿とは考えられない。

庭園は、先窄まりの三角形の敷地を見事に生かした構成なのだが、基本的に庭園を歩きながら来し方を振り返るという視点を欠いたものである。ここに見られる築庭の作法は、軍略にも似て、あくまでも先へ先へと歩みながら展開する方針に支えられているように思われるのである。この庭園が東山を借景として開け、小さくまとまることなく延びていることは、きわめて近代的な特徴なのだが、その裏には、この庭が視点をもっぱら一方にだけ向けてつくられているという事実がある。その意味では無隣庵の庭園は、真に近代的な庭園ではない。自らを「一介の武弁」と称するのが好きだった山県有朋の庭には、たしかに軍人の庭の趣がある。

一九〇〇（明治三三）年に無隣庵を訪れた黒田天外は、山県有朋自身の言葉として、次のような文章を残している。

「京都に於る庭園は幽邃といふことを重にして、豪壮だとか雄大だとかいふ趣致が少しもない。いや誰の作だの小堀遠州じやのといふた處で、多くは規模の小さい、茶人風の庭であつて面白くないから、己は己流儀の庭園を作ることに決した。

すると最初棄駝師《たくだし》〔植木屋〕輩が、石を置くにしても陰石、陽石、五石、七石など夫々組立る法があるが、閣下は其本も御覧にならんからいかんといふから。そこで己がいかにも陰石も陽石もそんな法は知らん、然しこう見渡した處で、此庭園の主山といふは喃、此前に青く聳へてゐる東山である。而してこの庭園は此山の根が出ばつた處にあるので、瀑布の水も此主山から出て来たものとする。さすれば石の配置、樹木の栽方、皆これから割出して来なければならんじやないか喃、君はどう思ふか知らぬが、……喃、そうじやろう」

「此地の槖駝師《たくだし》などは、瀑布の岩石の間に歯朶を栽るといへば不思議に思ふ。樅の樹もこゝに三十本程栽たが、當時は樅樹といへば槖駝師の畝に僅か一二本よりなかつて一向使はんものと見へたが、今では何十本でも持てゐる。

また此川の畔に、野によく咲てゐる、アゝそれ、ヲゝ木瓜、木瓜を栽さしたが、三年かゝつてもどうもつかん、其癖野では踏だり何かしてよく咲てゐるが喃。そうして尚ほ川畔には、岩に附着たように低く躑躅を作るつもりで、槖駝師に刈込みを命じてゐるのだ。

それから京都の庭には苔の寂を重んじて芝などといふものは殆んど使はんが、この庭園一面に苔をつけるといふことは大変でもあるし、また苔によつては面白くないから、私は断じて芝を栽ることにした。尤も川の此方は先の久原［庄三郎］が栽て置たので、彼方は鬼芝を栽てそれで時々刈せる、費用はなかなか多くかゝるが此方がよいようじや。夫でこの庭園の樹木は、重に杉樹と、楓樹と、そして葉櫻三本とでもたすといふ自分の心算であるがどうか。また水といふことについて、従来の人は重に池をこしらへたが、自分は夫より川の方が趣致があるやうに思う。よく山村などへ行くと、此前のような清川が潺々と繞つて流れてゐるが、あの方が面白いからこゝでは川にしたので」（黒田天外『続江湖快心録』)。

山県有朋は役石による庭園の構成をとらず、自然の景観を延長しながら庭をつくっている。それが教養のなさに由来するものか、確固たる信念と美意識にもとづくものなのかははっきりしない。おそらくはその両面からの結果であろう。だが彼にははっきりした好みがあった。浅い流れ、樅、楓、山桜の取り合わせ、低く刈り込んだ躑躅、そして芝を植えたことは、彼の好みと言ってよいであろう。ここには明治以降の大型和風庭園の原型がある。それはやはり山県の好みにひとつの源泉をもつものなのである。そして彼がここで「川の方が趣致があるやうに思う」と述べているのは甚だ興味深い。無隣庵庭園の成立は、琵琶湖疏水の流れを取り入れることをその背景としているのであり、「川」はこの庭にとって必然なのである。

和魂の表現

無隣庵の庭園がいつ完成したかについては、いろいろ説がある。庭園、邸宅ともに一八九六(明治二九)年の完成とする説があるのだが、それ以前にすでに山県有朋はここを用いていたようなのである。そのことは一八九五(明治二八)年一〇月二三日付けの田中光顕あて書状に「南禅寺畔　無隣庵主　朋　頓首」と彼が認めているところから知られる。山県はこの手紙のなかで、「東山之風光は如舊、楓樹は紅葉に到らざるも、野外之散歩は尤意に適し候。云々」(熊沢一衛『青山余影』)と書いている。
無隣庵築庭と重なって、このとき山県有朋は日清戦争の論功行賞によって侯爵に叙せられ、功二級金鵄勲章、旭日桐花大綬賞を受けている。また、皇室から五万円を下賜された。一八九五（明治二八）年八月五日のことである。無隣庵経営の費用もこれから充てられたと考えられている。日清戦争を勝利のうちに終えて、東山の麓を散策する山県の胸中には、誇りと自負の念が満ち満ちていたことであろう。無隣庵は、直接的にか間接的にか、日清戦争を父とし、琵琶湖疏水を母として生み出されたものであった。

日清戦争を勝利のうちに終えたこの時期は、明治以降の和風文化にとって極めて重要な意味をもつ時期であるように思われる。無隣庵がつくられたのと同じ一八九五（明治二八）年、京都に平安神宮も造営されている。よく知られているように、平安神宮は京都に都が設けられてから一一〇〇年目にあたる年を記念してつくられたものであった。社殿は平安京の大極殿を縮小して模したもので、設計には京都出身の工匠である木子清敬とともに、工部大学校を卒業したばかりの伊東忠太［後の帝国大学教授］が当たった。ここに大学出の建築家が伝統的建築を設計するという現象が生じたのである。

同じ年、京都と並ぶ古都・奈良では、県庁舎が和風の様式で建設された。設計はこれまた工部大学校卒業の長野宇平治。京都といい奈良といい、ともに古都であるから、公的性格を帯びた建築物が和風で設計されるのも極めて自然かと思われる。だが、工部大学校はもともと西洋技術修得のための機関であり、そこを卒業した建築家、すなわち「洋才」をもって立つべき建築家が、和風のデザインを

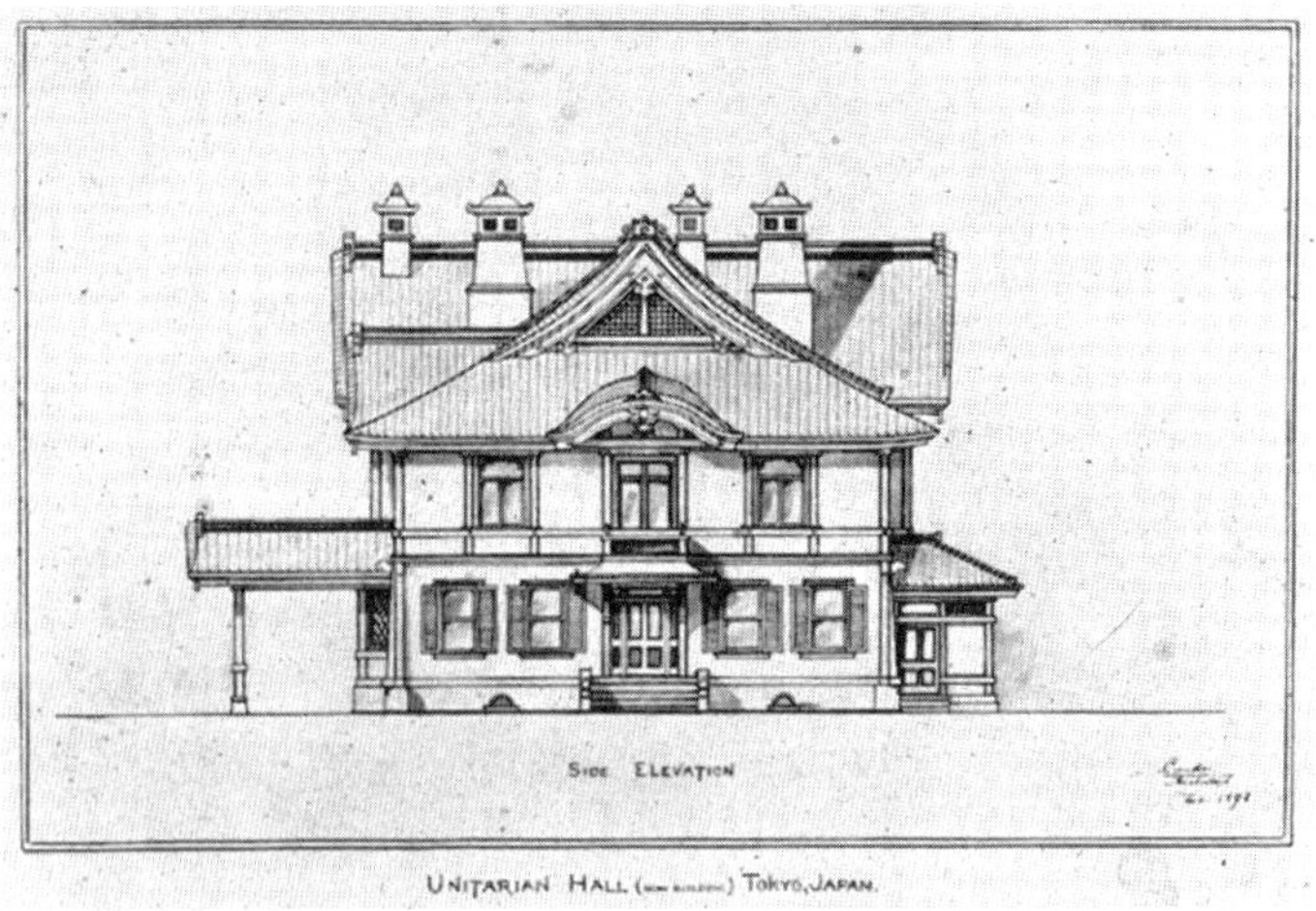

図2-2　唯一館（ジョサイア・コンドル設計）

試みたことの意味は大きい。

さらにまた、この前年、一八九四（明治二七）年には、伊東忠太や長野宇平治らに西洋建築をはじめて教授したお雇い外国人建築家ジョサイア・コンドルが、彼の作品中極めて異色な和洋折衷の建築、唯一館を設計している。この建物は外観を柱の見える真壁づくりという日本風のつくりにし、和風の屋根をもち、千鳥破風までもった建築なのである（図2—2）。

ジョサイア・コンドルは、日本で教育を行なうとともに、実際の設計も数多く行なってきた。鹿鳴館は最も有名な作品であるし、それ以外にも上野につくられた博物館や北海道開拓使のための物産売りさばき所なども設計している。けれども、それまでのコンドルは、自分の様式観にもとづいた試みは行なうものの、日本風の建築は設計してこなかった。その彼が、ここではじめて日本を最大隈に意識し、取り入れた建築を設計しているのである。この意味は何であろうか。

一八九四－九五（明治二七－二八）年に、お雇い外国人建築家ジョサイア・コンドルと、彼に西洋建築を習った日本人建築家たちが、ともに和風の建築をつくり出すのは、単なる偶然とは思えない。日本の理想は、西欧列強に伍して世界の富国となり、強国となることであったはずである。建築は国家の装飾として、西欧そのままの姿のものを手に入れるよう要請されていたのではなかったか。それが工部大学校に要請された「洋才」であったはずである。「洋才」を体現した存在たるべきコンドルと、その「洋才」を身に付けるべき日本人建築家たちとが、ともに和風の建築を設計する。これは異常である。

おそらく日清戦争に重なるこの時期に、日本の建築はそれまでの西欧建築修得のための段階をある程度終え、主体的な試みを行なえる水準にまで成長したのではないか。だが、何をもって一定の水準というかはむずかしい。それは主観的な問題にしか過ぎないと言えば言えるからである。第一、学習途上であろうとも、日本における建築の表現としてふさわしい造型を求めることは、大いにあり得る。不完全であろうとも、試みとしてのナショナル・アイデンティティの追求は起こり得るからである。むしろ和風の建築表現を、学習の効果が上がったうえでの応用問題への前身と考えるよりも、やむにやまれぬ「和魂」の表現と考えてみたらどうであろうか。おそらく「和魂」は「洋才」との間の緊張関係によって生ずるものに違いない。

明治以降、急速な近代化を進める日本にとって、「和魂洋才」というイデオロギーは、近代化の作業遂行と自己の文化的アイデンティティとを両立させるための、あやうい立脚点であった。だが、そのあやういバランスは、つねに足元から崩壊しがちであった。

明治維新の原動力となり推進力となった草莽の志士たちは、維新の成立とともに官僚機構整備のなかで自分たちの場所を失ってゆく。島崎藤村の『夜明け前』の主人公、青山半蔵は草深い木曽の宿場で平田神道の復古するべき維新に夢を抱きながらも、その夢が無残に壊れてゆくなかで狂死する。西南戦争に死ぬ西郷隆盛も、そうした志士たちの意志のなかに自らを投げ入れることによる死を死んでいったのだった。

近代化とは、産業革命以後の西欧が生み出したインターナショナルな価値観を他の国々が受け入れてゆくプロセスであった。少なくとも、日本のように外圧に抗しながら近代化を受け入れていった国家においては、そうであった。

「和魂」は心のうちに抱かれつづけていると称されても、外形に現われる世界、すなわち技術、制度、そして芸術までもが、すべて「洋才」によってかたちづくられてゆく。維新とともに大型和船の建造は禁止され、医学は西洋医学に向かい、法律も訴訟も西洋の制度に合わせて整備が進む。そうした近代化のプロセスにあって、「和魂」を守り抜くとするならば、外形に現われる世界や制度のすべてを、一種のテクニックとして「技術化」するよりほかないではないか。

日本の近代化が跛行的であったのは、西欧文明を一種の技術としてとらえたにとどまり、その思想性を真に理解するにいたっていなかったからだとする議論が一時期多かったが、これは誤っている。

明治期の日本人にとっては、西欧文明を「技術」の領域に封じ込めておくことが、自らの文化的アイデンティティを守るための必死の手段だったのである。

だがやがて、外形の世界を「技術化」しきれなくなる時期がやってくる。「和魂」と「洋才」とは本来そう小器用に分けられるものではないし、「和魂」はそれ自身のかたちを求めようとしはじめる。文化的アイデンティティとはそうしたものだ。それは、西欧の技術が裏に秘めている思想性や世界観を理解しようとする意欲よりも、いっそうの切実さをもつ。

こうした日本人の精神を、ジョサイア・コンドルは、外国人の目で次のように見抜いている。「少なからぬものが現在の文明よりも、過去の彼ら〔日本人〕の文明に属している。天が下、これほど愛国的な国はない」。

明治以降の和風文化の造型は、「和魂」のかたちを求める衝動の軌跡として、あらためて見直される必要がある。洋風の造型が「公」の表現であり、「制度」の表現であったのに対して、和風の文化は「私」の部分の本音であった。だが、実際はそれほど単純なものではなく、和風の表現を日本の文化的アイデンティティとして、「公」の世界にもち込もうとするうねりが存在する。

一八九四―九五（明治二七―二八）年の造型を、平安神宮、奈良県庁舎、唯一館、そして山県有朋の無隣庵という系列で追ってみるならば、そこには和風衝動とでも言うべき、時代のひとつの波を認めることができよう。この時期は、まさしく日清戦争に一致する。近代というプロセスを懸命に追った日本が、自己の「洋才」の習得を戦争の場で検証するのと同時期に、こうした和風衝動が公的な施設や場の表現を含むかたちで出現してくる。

一八九六(明治二九)年三月二一日、先に述べた「大師会」が東京で発足している。三井系の実業家・益田孝が前年に弘法大師の筆になる座右銘一六字一巻を手に入れたことは偶然であっても、それに因んで茶会がはじめられ、以後実業家たちのサークルとして大きな存在となってゆくのは偶然ではない。かつては鹿鳴館を舞台に、条約改正を目指す欧化政策を遂行していた井上馨も、還暦を迎えた同年頃から、しばしば東京で茶会を催すようになる。この井上の茶会には、益田の「大師会」と重なるところの多いメンバーが集まった。

こうして「和魂」の表現の流れは、政治や実業の世界の有力者たちのあいだを、ゆるやかに流れてゆくようになる。それは「洋才」による近代化の否定ではなく、むしろ「洋才」の発展を前提としたものだった。しかも、「和魂」の表現の流れは茶会の趣味だけでなく、さまざまな表現をとって現われてゆく。疏水から生まれた庭園もそのひとつなのである。山県有朋は茶会にこそ出遅れたが、それよりもある意味では規模の大きい庭園趣味の王者として君臨しつづけた。茶道と庭園は、和魂の表現の場としてまことにふさわしいものだった。

二一世紀の現在においてさえ、国際社会で日本の文化を語ろうとするときに、神道と禅と茶の湯の三つのキーワードは、絶大な力を発揮する。それは、海外の人々が日本に対して期待する文化イメージそのものだからである。相手の期待に添った日本像を示せば、それが受け入れられるのは当たり前である。本当は現代の日本人が馴染んでもいない神道と禅と茶の湯を振りかざして日本を語ることは、自己の文化的アイデンティティの喪失以外の何物でもないのだが、そこからわれわれは容易に抜け出せない。

それでは一八九四—九五（明治二七—二八）年の造型は、現代にも見られる「期待される日本イメージの演出」だったのであろうか。そうではあるまい。そこにはもう少し切実なアイデンティティ希求の衝動があった。「富国強兵」と並んで唱えられる「和魂洋才」には、その裏に「近代化」の圧力が重くのしかかっていた。近代化を主体的に推し進めれば推し進めるほど、揺らいでくる自己の立場の不安を跳ねのけるものとして、彼らの茶道と庭園はあった。なかでも庭園は、最も心安らぐ場を与えてくれるものであったし、それを構えるには莫大な財産が必要であったから、大庭園をもつことのできる所有者たちを慰め、誇りを与えるとともに、力づけてくれる大いなる魔力をもっていた。

話を飛躍させるなら、近代がもたらしたものが西洋建築といういかにも地に足の着かない「空間」であったのに対し、庭園には「場所」があったのだとも言えよう。そこには動かすことのできない確固たる場所があった。そのことが庭園に佇む人々に、安心と誇りと慰めをもたらしてくれるのである。

無隣庵の庭園は、近代化への道を歩みはじめた日本が、新しい日本のアイデンティティの表現として、はじめて示し得た成果であった。無隣庵の庭園は西欧の摂取ではなく、また、伝統への回帰でもない。それは日本の近代化を推し進める権力者たちが自己を投影できる、はじめての表現だったのである。

七代目小川治兵衛の出発

山県有朋がつくり上げ、それによって疏水の活用に新しい可能性を与えた庭園の世界は、無論山県ひとりによって生み出されたものではない。山県が述べる「橐駝師《たくだし》［植木屋］輩」の存在が不可欠であった。それこそが七代目小川治兵衛である。

七代目小川治兵衛は、一八六〇（万延元）年四月五日、山城国乙訓郡新神足村馬場に、山本弥兵衛の次男として生まれた。幼名を源之助といった。一八歳になった一八七七（明治一〇）年一一月に小川家の四女ミツ（美津）と結婚して、婿養子として入籍し、一八七九（明治一二）年に家督を譲り受け、七代目小川治兵衛の名を継ぐ。ミツは夫と同じ年の生まれであるが、二月二六日生まれなので、わずかに年上女房であった。養父である先代の治兵衛は、家督を譲るとともに隠居して、忍光と名乗ったという。しかしながら忍光は一八七九（明治一二）年五月九日に没している。彼も養子として小川家に入った人物で、一八一六（文化一三）年五月五日に農業を生業とする亀嶋九郎兵衛の三男として摂州川辺郡山本村に生まれ、一八三二（天保三）年三月、小川家の長女イト（一八一五（文化一二）年一〇月三日生まれ）と結婚し、一男四女を儲けたという。七代目治兵衛の妻ミツは、末娘であったことが知られる。治兵衛の名は小川家では代々受け継がれるので、ここで語られる治兵衛については、七代目治兵衛と断るべきであるが、この後は混乱を生じない限り単に治兵衛と記述することにしたい。

小川家の家業が植木職であるところから、彼は植木屋の治兵衛すなわち「植治《うえじ》」とも呼ばれた。当時の小川家は植木職を家業とはするものの、それほどの繁栄も見ないままであったと言われるが、その詳しい状態はわからない。京都が維新の激動のなかで衰退の危機に見舞われていたのであるから、その京都で庭園に財力を費やそうなどという者はまずいなかったであろう。

庭師・小川治兵衛の経歴にとって、山県有朋との出会いは決定的な意味をもつものであった。このことは、植治自身によっても語られている。明治期のジャーナリスト・黒田天外に語って、「私が今日までになりましたのは、全く山縣さん、中井弘さん、伊集院兼常さん、此の三人の御蔭で」と述べている（『続々江湖快心録』）。

これによれば、「山縣さんが無隣庵をお作りになることとなり」、それを仕上げると、「その後平安神宮の神園を作るにつき、山縣さんへ行て居る植木屋を呼べ」ということになり、それを苦労してやり上げると、「今度は博物館の庭園を作れ」とのことで、こうして仕事が広がり「此頃から少し私の名が知れましてございます」という展開となる。

「つづいて、久原〔庄三郎〕さんの庭、清水〔吉次郎〕さんの庭、市田〔弥一郎〕さんの庭と追々作り、田中〔市蔵〕さんの庭もなほす、其他今日では京都は固より、桃山、大阪、須磨、垂水、御影と各處に人をやつて、大抵一軒や二軒の庭を造つて居り、この三月の末には富山県廳の貴賓室の庭園も設計しました」。

これが黒田天外に向かって彼の回想する、作庭世界の拡大の歴史である。このインタビューが刊行された一九一三（大正二）年には、小川治兵衛の世界は京都のみならず関西一円に広がっていたことが知られるのである。そしてその出発点に山県有朋の京都別邸・無隣庵があったというのである。

小川治兵衛による無隣庵庭園は、日本が近代化を自覚的に推進してゆくことになる一八九四―九五（明治二七―二八）年の造型を、庭園の世界において実現したものであり、造園の歴史を超えた大きな国家的なスケールでの時代精神の表現となるのである。山県有朋が明治体制というべき国家組織の設計者であるように、彼が所有した無隣庵庭園は近代化を選択した明治期日本の時代の表現であった。

図2-3　無隣庵洋館

無隣庵庭園の片隅には一八九八（明治三一）年にひとつの洋館が建てられている。山県有朋が「どうもこんな建築は妙でないが、物を蔵れる倉庫がないからそれで造つたのだ。ヲヽ、いづれ繁鬱つた樹木などで此方は遮蓋すつもりぢやが」と語っていたあの建物である。極めて防御的な洋館で、外部に対してあまりに閉ざされすぎた外観は、人を信用しない山県の政治姿勢を象徴するかのようである（図2―3）。しかしながらこの目立たない洋館は、いわゆる「無隣庵会議」の舞台となったことで知られる。

日露の関係が不安定の度合いを強めていた一九〇三（明治三六）年四月二一日、わずかに時間をずらしながら、三人の要人がこの無隣庵の洋館に集まってきた。政友会総裁であった伊藤博文、総理大臣であった桂太郎、そして外務大臣であった小村寿太郎である。彼らは元老・山県有朋のもとに参集して、対ロシア政策の基本線を確認したのだった。ここに日露戦争への道が決断される。

この頃大阪で第五回内国勧業博覧会が開催されており、明治天皇の行幸と桂太郎総理の大阪訪問があったので、京都での会談が自然に企画されたのだという。桂の記述によるなら「伊藤侯と小村外相と語り、二一日に京都にいき山縣侯爵を無隣庵に訪ねた」ということになる。無隣庵は政治の場であり、小川治兵衛の庭は政治の庭でもあったのだ。政治の庭としての植治の庭は、半世紀近く後になってからも、近衛文麿の名とともにふたたび意識されることになるであろう。そうした点においても、小川治兵衛の庭は近代化を選択した明治期日本の時代の表現であった。

ちなみに、無隣庵会議のときには伊藤博文も山県有朋も侯爵と記述されているが、日露戦争の勝利によって伊藤も山県も、そして桂太郎も公爵となり、小村寿太郎も爵位を受けることになる。

山県有朋は晩年に至るまで無隣庵とその庭園を愛し、よく用いた。彼の遺した和歌のうちに、それを窺うことのできるものが数々ある。そして彼の没後も、未亡人・吉田貞子は、この庭園を愛しつづけた。歌集『新々集』に収められた彼女の一九四〇（昭和一五）年の和歌に次のものがある。

「二十年あまりに京都なる無隣庵に入る折から空かきくもり

ぼたん雪はげしく東山のうつくしさいはんかたなし
わがためにふり来しここちしてなつかしみ見るひむがしの山
としふりし池のま鯉にそのかみをおもひうかぶることのおほかる
五十年ちかく無隣庵を守りいます瀧本老人とかたり合ひて
此いほの庭守りしてなき君に日ごとつかふるをぢよ幸あれ」

繰り返すなら、琵琶湖疏水の起工を特許するに際して、主務官庁である内務省にあって内務卿をつとめ、その竣工に当たっては総理大臣として現地に赴いた山県有朋に対して、地元京都が絶大なる感謝を捧げようとしたとしても不思議はないであろう。京都近代化の決め手となるべき土木事業に対する感謝として、近代化の副産物として和風庭園を進呈する動きがあったとしても全く不思議はないのである。

こうして近代化を推進する技術の結晶であった琵琶湖疏水は、もうひとつの世界を開く可能性を示した。

山県有朋の庭園群

庭園を終生の趣味とした山県有朋について、彼の没後に追悼文集『山公遺烈』を著した高橋義雄は、そのなかでこんなことを述べている。「……山縣公は隠し芸として築庭の妙技を有せり、殊に公は水を好みて其住居は到る處に水声を聴かざるなし」と。たしかに山県は無隣庵以外の邸宅においても、すべて水を庭に引き入れていた。晩年を過ごした小田原の古稀庵の庭園の中心をなす洗頭瀑という滝については、山県がこう述べたと同書は伝える。

「瀧の姿は始終同様なる筈なれども、打ち見たる處始終変化あるやうにて、見れども更に飽く事なし、自分は時々此處に佇みて、長時間眺め居る事あり」。

庭を眺める山県有朋の姿は、庭に魅入られた孤独な権力者の姿でもある。世に権力を誇り、「その一挙手一投足につれて山県閥は動き、その吹く『魔笛』に政界はしきりに踊らされ、その一顰一笑に政治家たちは喜憂した」と、評伝のはじめに岡義武が記すほどの政治家であった山県が、滝に魅入られて飽かずに眺め入る姿は、孤独な権力者の凄然たる本質を教えてくれる。庭はそうした者にとっての慰めであり、誇りなのであった。

だがそもそも、庭とは何のためにつくられるものなのだろうか。最古の庭園書と言われている『作庭記』には、「石をたてん事」「石をたつるには」「立石口伝」などという言葉があって、庭をつくることは石を立てることだと解される。しかし何のために石を立てるのかというと、よくわからない。ただ、「南庭を、く事は、階隠の外のはしらより、池の汀にいたるまで六七丈［一丈は約三メートル］、若内裏儀式ならば、八九丈にもをよぶべし。礼拝事用意あるべきゆへ也」という言葉が出てくる。これは寝殿づくりの場合、その南面に設けられる庭は、儀式を行なう場所だから、池まで六、七丈から八、九丈の余地を取って置かなければならないというのである。つまり池までに二〇メートル弱から三〇メートル弱の広場がないと儀式ができないと言っているのである。その先が池と島と植え込みなどからなる「庭」ということになるのだが、われわれの感覚からは広場を含めた全体を庭と考えた方が自然である。眺めるだけでなく、そこで何かの行事も行なわれる場としての庭である。明治以後の庭園では園遊会が行なわれることがあったから、人々が庭に出て散策し、歓談することも大いに考慮されねばならなくなったのである。そうした行事の場所をもつことが必要だから庭をつくるのだというのは、説明として成り立つだろうか。庭は必要だからつくるだけでなく、つくれるだけの土地と財力をもったものには、無上の楽しみだったようである。

山県有朋の庭園の紹介者であった高橋義雄は、自分自身の楽しみとしての庭づくりについて、こんなことを述べている。

「世に様々の娯楽あるが中に、庭を造る程面白いものはありますまい。建築も随分面白いもので、常に丁斧の音を聞いて居る程愉快なものはないと申しますが、建築は一旦図案が定まれば、建て上るまでに多少の変化はありましても、大体は動かぬものでありますから、予想外の面白味はありませんが、庭ともなれば、一石一木を配置する中に此木に対して彼の石を如何に置くべきや、又彼の石の置方によりて此下草の模様を変化せねばならぬと云ふやうに、其都度々々に趣向が変つて行きますから、碁を打つ者が、相手の出方次第で思ひも寄らぬ変化を生ずるが如く時々刻々局面の変り行くのが、庭を造る者の言ふに言はれぬ趣味であります」(『我楽多籠』)。

ここに述べられる作庭の楽しみは、明治以降のブルジョワ階級の庭づくりの楽しみ方である。そこには伝統的な作庭の味わい方と、新しい時代の庭の趣味とが混在しているように思われる。ここで彼は、庭の楽しみを「造ること」に置いている。それは「動き」があるから楽しいのだとも、碁の局面のように変わるから楽しいのだとも述べる。

そうであるとすれば、山県有朋が好んだ水のある庭は、最も動きの現われる庭であろう。木々の梢が風にそよぐのも動きであるし、日の光が刻々と移るのも動きであろうが、水の流れは絶え間ない動きである。山県が「打ち見たる處始終変化あるやうにて、見れども更に飽く事なし」と述べたのは、まさにこの動きであった。

「造ること」と「動き」に庭の楽しみを見いだすのは、江戸時代からであったと言えようが、「動き」に重心が移るのは明治以降のことである。それは庭の本質に関わる変化であった。『作庭記』が庭の極意として「石を立てる」ということを重んじたのは、その石が象徴としての意味をもつことになるからだった。三尊石、須弥山石、蓬萊山、鶴島、亀島など、さまざまに伝えられてきた石組みの多くは、象徴である。枯山水と呼ばれる庭は、動きのない石の組み合わせのうちに、瀧の風情、水の流れを象徴するものであった。茶道のための庭もまた、約束事に満ちた象徴の世界であった。枯れ山水の庭園とは、水の動きを排除して、象徴的にその精神を表現する庭園であった。庭に実際の動きをもち込むことは、それまでの庭園の象徴的要素を現実の自然的要素によって置き換えることであった。

本物の水をもち込む場合にも、日本庭園の池は、古来「海」を象徴するものだった。それは湛えられた水であり、無限の広がりを内に含むものだった。池の全体が一望のもとに見渡せてしまうことを嫌い、必ず目の届かない陰にまで水が延びてゆくようなかたち（心字池などと言われるもの）に池をつくるのも、そうした心からだった。池の一部に小石を敷き並べた「州浜」をつくるのも、そこが浜辺の風情になるからであった。それに対して、例えば無隣庵の池は、「海」ではなく「流れ」である。浅くさらさらと流れる水に動きを見いだし、積極的に取り入れたのが無隣庵の水なのであった。これもまた、近代が生み出した庭の美意識のひとつなのである。

「築庭の極意は、見る限りの景色が自然に同化して不自然の目に触るるものなく、我身も知らず知らず其中に入りて物我一体となるものであります」と、先に引いた高橋義雄は言っている。これが「動き」を好む庭の極意なのであろう。山県有朋が自分の無隣庵の庭を語って黒田天外に、「こう見渡した處で、此庭園の主山といふは喃、此前に青く聳へてゐる東山である。而してこの庭園は此山の根が出ばつた處にあるので、瀑布の水も此主山から出て来たものとする。さすれば石の配置、樹木の栽方、皆これから割出して来なければならんじやないか喃」と述べたのも、同じ心境からであったろう。

つまり庭は、明治・大正期にいたって、象徴主義庭園から自然主義庭園へと変化したのである。彼らの庭には必要以上の象徴もなければ、見立ても名所の写しもない。あるがままを基本として、自然の水の流れ、喬木の梢のそよぎなどを庭に取り込んだのである。それは禅宗寺院の庭園などとは無縁な、無教養が選ばせた庭園の様式だったかもしれない。しかし、自然のなかで貧しい少年時代を送った彼らは、財力を誇示できるようになってから築いた大きな庭のうちに、自分たちの原風景を再現しようとしたのかもしれない。自然主義的な庭園のうちにこそ、彼らは気持ちの安らぎを見いだし得たのである。

植治と山県有朋

小川治兵衛にとって、山県有朋の庭園を手がけたことの意味は大きく、その後の彼の活動の基礎はここにつくられたと見てよい。山県と植治とを結び付けた存在としては、久原庄三郎の名が浮かぶが、久原と植治の結び付きの始まりはよくわからない。ここでひとつ問題になるのが、植治の住まいである。

小川治兵衛は京都で、平安神宮からの参道を入ったところに住まいを構えた。それはちょうど三条白川筋東入一丁目堀池町に住む、七宝作家・並河靖之の家の隣なのである。並河が、白川からの水をはじめて自分の庭に引き入れて用いた人物であることを先に見てきた。その隣家である小川治兵衛は、おそらくこうした疏水の利用の一部始終を知悉していたにちがいない。一八九四（明治二七）年の『京都案内　都百種　全』には、「植木並ニ庭石商　三条白川橋北裏堀池町　小川治兵衛」と載っているので、この時植治が並河の隣に居を構えていたことがわかるが、疏水の水を庭園に用いるというアイデアを植治が出して並河が採用したのか、それとも並河が試みている作庭を応援しながらその技法を自己のものとしたのか、はっきりしない。

そもそも三条の白川のほとりに住みついたのは、小川治兵衛よりも明らかに並河靖之の方が早い。

一八八三（明治一六）年の『都の魁』という案内書には、すでに「下京第八組堀池町　並川［河］靖之」が出ており、一八八七（明治二〇）年の『京都名所案内図絵』にも「三条白川橋堀池町　並河靖之」の記載がある。並河の成功は、京都に多くの同業者を生むこととなり、「三条大橋から三条白川橋一帯には、二十余軒の七宝業が軒をつらねる有様となった」という（中原哲泉『京七宝文様集』）。こうした場所に居を構えた小川治兵衛が、並河の庭に見られるような白川の水を使う「流れのある庭」に開眼したと考えるのは、想像に過ぎないかもしれないが、説得力をもつ。

七宝は京都にとっては新しい技術であった。いわば近代化の一翼を担うべき工芸であったのである。疏水を母とし、七宝産業の立地を父として、植治の庭が出発したとしたなら、それこそまさに「和魂洋才」の土壌にふさわしい。

一九一〇（明治四三）年、黒田天外との会見のなかで、小川治兵衛は次のように述べている。

「初めは園藝の稽古も、やはり天地人とか、五行とかいふことを正直に学んでやつて居り、また三十四五まではやはり樹に昇つてチヨキンチヨキンとやつて居りました。處が山懸さんが無隣庵をお作りになること〻なり、五尺くらゐの樅を五十本栽へろといふ仰せつけでしたが、其頃樅などゝいふものは庭木につかいませんので一向なく、漸やく方々から集めて調へましたが、只今では何處の庭園でも樅を多く用ひ、またどうだん、柊、南天などを使ひますのも、山懸さんが嚆矢でございます。

その後平安神宮の神園を作るにつき、山懸さんへ行て居る植木屋を呼べとのことで私が命ぜられましたが、三千坪からの處を千円や千五百円でいけさうな筈がない、其頃は未だ随分苦痛でございましたが忍んで之をやり上げますと、今度は博物館の庭園を作れとのことで一万坪からあつて野原のやうな處を一月や一月半でやつてのけましたが、此頃から少し私の名が知れましてございます」(『続々江湖快心録』)。

山県有朋に庭園を斡旋しつつあった久原庄三郎らが、白川のほとりの七宝細工師たちの庭をつくっている庭師の話を聞き付け、そこに無鄰庵修築の依頼をもち込むという筋書きを考えるなら、それにはそれなりの根拠が感じられるのである。

小川治兵衛が無鄰庵の庭園をつくる時のエピソードを、高橋義雄も伝えている。『山公遺烈』のなかで高橋は、小川治兵衛が作庭の相談に、鹿児島出身で庭園にも心得のあった伊集院兼常という人物のもとに出かけたと述べる。しかし伊集院は、ひとつも意見を言わなかったという。なぜなら、山県有朋のような庭に通じた人物に何か意見を言うべきではないし、仮に意見を述べたりすれば、庭が山県公の作庭ではなくなってしまうだろうというのである。これを伝えた高橋は、「伊集院は一癖ある茶人なれば」と言っているが、実際一癖あったのは山県の方であろう。狷介な山県の人となりを知っていればこそ、伊集院も黙しておいた方が安全と思ったに違いない。小川治兵衛は「円転滑脱」な性格のもち主と言われた人物だったので、山県とも付き合えたのであろう。

山県有朋は京都での二回にわたる無鄰庵の造営より先に、東京目白に椿山荘の大庭園を営んでいた。現在はホテルとなっていることで知られる椿山荘であるが、これこそ山県の本邸であった。その庭を手掛けた庭師・岩本勝五郎には心を許していたようで、無鄰庵をつくっている最中に、彼が滝の落口に並んだ石のひとつを、高さを変えて据え直すべきだと言った時には、その意見を採用している。山県の主導権のもとでの改良なら、よかったのだろう。

山県有朋の無隣庵庭園をつくった小川治兵衛は、その後、山県出入りの庭師となって京都以外の山県の本邸・別邸の庭をつくるということもなく、自分の道を歩む。そして京都を中心に無数といってよい程の庭園を手がけ、その活動の場はひとり京都にとどまらず、全国に及ぶことになってゆく。山県有朋自身は、無隣庵以外にも多くの庭園を営み、明治・大正期の和風庭園の歴史の上に無視し得ぬ足跡を残すことになるが、小川治兵衛をそこに呼び付けることはない。それぞれ別の庭師に工事させている。

晩年の山県有朋はさまざまな邸宅を構えた。

椿山荘（目白）本邸

　西南戦争後入手　庭師・岩本勝五郎

一九一八年　藤田平太郎（伝三郎の息子）に譲渡

無隣庵（南禅寺近傍　第三次）京都別邸

一八九四年　久原庄三郎、命を受けて別墅の建築に着手

一八九六年　一二月頃完成（巨石は醍醐の山中より二〇余頭の牛に運ばせる）

小淘庵（大磯）

一八八七年頃営む　五〇〇〇坪の庭

一九〇七年　三井男爵家に割愛
新々亭《さらさら》（小石川水道町）妾宅
一八九二年頃営む　五〇〇坪の庭
没後　貞子夫人の邸宅となる
古稀庵（小田原）湘南別荘
一九〇七年　小淘庵に替わってつくる　約六〇〇〇坪　庭師・岩本勝五郎
一九一六年　前の五〇〇坪に新庭
一九一八年　椿山荘譲渡後はここに常住、ここに没す
皆春荘（小田原）
古稀庵後方の高所
一九一三年　清浦奎吾が大森に移った後、その別業を譲り受けたもの
新椿山荘（麹町五番町）
一九一七年に営む　西洋館と付属日本館　七〇〇余坪　椿山荘後の東京邸
那須山県農場（那須）地主貴族のライフ・スタイルの表現
一九二四年に古稀庵洋館（伊東忠太設計）を移建
それぞれの場は、山県有朋が獲得したそれぞれのライフ・スタイルの実践の場なのであった。
一方で、ひとつの源から分かれ出る流れのように、小川治兵衛の庭園も無隣庵から発した新しい和

風庭園の伝統となって広がってゆくことになる。だが小川治兵衛の作庭は、山県の世界とこれ以上交錯することはない。

植治の世界の拡大

それでは、彼の生み出してゆく庭園世界は、他の時代、他の庭師の庭園構成と比べた時、どのような差異があり、創意が込められていたのであろうか。個々の技術においては、小川治兵衛には取り立てて変わったところはないと、しばしば言われる。ことに現代の庭園作家の多くがそうしたことを口にする。そこにはいくばくかのやっかみさえ込められているのではないかと思われる程である。彼の特色は、具体的な作庭技術にあるというよりも、むしろ和風庭園を近代の日本に適合するように再編していったところにあるのかもしれない。

小川治兵衛が、樅の木をはじめとする新しい樹種を用い、刈り込みを低くつくり、石もまた臥せたかたちで据えたという点はしばしば指摘されるし、広く芝を張ったスペースを庭園前面に導入したことも彼の特徴とされる。しかし、これらはすべて無鄰庵庭園に見られる特徴である。小川治兵衛の作庭は、山県有朋の発意を源泉として生まれたものなのか。彼は出入りの庭師の域を出ない存在だったのか。

しかしながらその後、小川治兵衛は岡崎公園、平安神宮、京都帝室博物館の神苑などを手がけ、そ

図 2-4　平安神宮神苑

の名を揚げてゆく。この時彼が植えた樹木が、みな枯れずに根付いたので、植治は運の強い男だという評判が立ったという。

小川治兵衛が平安神宮神苑のなかに、京都三条と五条の橋杭の石を池の飛び石に用いたことは有名な事実である（図2―4）。彼は橋の杭に用いられる円柱状の石を池のなかに据えることによって、池を動きのある世界につなげた。この池は橋杭を置くことによって、「海」ではなく、流れる川の風情となったのである。それはコロンブスの卵のような、極めて明快であると同時に万人を納得させる意匠だった。橋杭が池のなかに据えられることによって、訪れる人はその庭のやさしいわかりやすさと、楽しさを感じたのだった。ここに、小川治兵衛の「自然主義」がある。

平安神宮の庭園を小川治兵衛が請け負ったのは、一八九四（明治二七）年一二月一一日であるが、工事自体はこの年のはじめから進められていたらしい。彼は工事を一六〇三円五六銭で請け負い、契約に際して下京区三条通白川橋上ル堀池町、中川留次郎を自分の代理人として届けている。請け負い金額は、後に樹木の増加などがあって追加があった。

平安神宮の庭園は、神苑と呼ばれて現在も多くの人々を惹き付ける京都の名園となっている。神苑は平安神宮本殿を取り囲むように南神苑、西神苑、中神苑、東神苑として連なっている。南神苑の完成は遅いが、西と中の神苑は一九一三(大正二)年に完成を見、東神苑はその後工事が進められて一九二六(大正一五)年に完成した。西神苑には睡蓮、花菖蒲、河骨などが池に植えられ、中神苑には杜若が植えられている。京の三条大橋と五条大橋の橋杭を用いた臥竜橋が設けられているのは、この中神苑である。そして東神苑に至ると、大きな池が開け、そこに橋上にパヴィリオン状の小建築をもつ泰平閣という橋が架かる。この泰平閣と、その傍らに立つ尚美館という和風の建物は、京都御苑で開催された京都博覧会の施設を移築したものという。小川治兵衛の作庭の中では大振りで華やかな庭園と言えよう。この神苑には、多くの紅枝垂桜が植えられ、毎年その美しいすがたで人々を魅了している。

平安神宮神苑で用いた三条大橋や五条大橋の橋杭の石、そして紅枝垂桜は、名石、名木を重視しなかった植治にとってはめずらしい、ポピュラーな人気を集める名物となった。谷崎潤一郎の『細雪』には主人公の蒔岡家の人々がこの枝垂桜を愛でに訪れる場面が魅力的に描かれている。谷崎はそこで「まことにここの花を措いて京洛の春を代表するものはないと云ってよい」とまで述べている。

富豪たちの私的な大庭園を作庭することの多かった小川治兵衛にとって、平安神宮神苑は、多くの人々の目に触れる数少ない庭園であり、そのことを意識して彼は、橋杭や桜などによって、華やかさとわかりやすさをもち込んだのであろう。結果、平安神宮神苑は広闊で明るい庭園となった。

同じように、小川治兵衛の作庭にしばしば見いだされる手法である、躑躅などの、地に這うように低い大刈り込みも、庭園を広く見せ、遠く庭外の借景へとつなげる手法として魅力的なものである。大刈り込みは修学院離宮の庭など、古来さまざまに用いられてきた。小川治兵衛がそこに新たな何物かを付け加えたとしたら、それは平庭における大刈り込みの魅力であろう。もともと大刈り込みは地面が高く盛り上がったり、急に崖のように下がったりする場所での、地形の変化に対応した手法である。それを植治は平庭の中景にもち込むことによって広がりをつくりだした。その源泉はどこにあったのだろうか。無隣庵の庭園が、低く低く刈り込まれた躑躅などによって構成されていることは有名である。恐らくそれは山県有朋の指示に出た工夫なのであろう。とすれば、大刈り込みを庭園にもち込んだことは、やはり山県の工夫か。そうであるかもしれないし、そうではないかもしれない。

だがここでひとつ考えておきたいのは、先ほど述べた「一癖ある茶人」伊集院兼常の存在である。彼は薩摩の出身である。そして薩摩には武学流という庭の伝統がある。鹿児島の知覧の町は、武家屋敷に武学流の庭園が多く残されていることで知られているが、それらは大きな刈り込みに特徴のある庭園群である。薩摩出身の伊集院を通じて、武学流の庭園の手法のひとつが植治に流れ込んでいるとは考えられないであろうか。無論これは憶測に憶測を重ねた見方に過ぎない。けれども、植治の闊達な庭は、禅寺の庭であれ茶家の庭であれ、京都の庭だけを受け継いだところからは生まれ出ないもののように思われるからである。

これに関連すると思われるのが、幕末の一八六〇（万延元）年一〇月から一年半ほどを日本に過ごした英国の園芸学者であり、当時のプラント・ハンターであったロバート・フォーチュンが書き記した次の記述である。彼はその著『江戸と北京』のなかにこう書く。

「長崎に住んで、広い趣味や道楽をやっていけそうな富裕な日本人は、高級の庭園を持っていた。その庭もわれわれの趣向から見れば小規模だが、労働者階級の庭よりはずっと大きく、およそ四分の一エーカーの広さで、たいてい芝を一面に植え、所々に小さな築山を作ったり、池を掘って変化をつけている。

これらの庭で、シナでも世界の他の国でも、ロンドンの展覧会ですら見たことのない、非常に大形のツツジを見た。その一本を測って見ると、周囲が四〇フィートもあった。いずれもきれいに円形に刈り込まれて、上部がちょうど食卓のように、まったく平らに手入れされていた」（三宅馨訳）。

この庭園は小川治兵衛の刈り込みに驚くほど近いが、おそらくここにも九州の庭園の伝統が流れているのであろう。そして、植治の庭園がそこに何かの近しさをもっているのではないかと、窺わせる。

だが、小川治兵衛の評判は作家として、はじめから名高かったとは思われない。大正初年に著され、一九一五（大正四）年に刊行された『明治園芸史』のなかの、小澤圭次郎「明治庭園記」は、小川治兵衛についてひとつも触れていないし、京都の庭園に言及する際にも「京都各寺の庭園が、維新後、頓に荒敗に帰し」という点に重点を置いている。京都遷都一一〇〇年の記念祭について語る時にも、そこでの小川治兵衛の仕事については語らない。

同じ書物のなかに収められた、勧修寺経雄「京都の明治維新後の変遷」においても、小川治兵衛の関係した円山公園についての記述はあるものの、その内容はおよそ好意的なものではない。

「京都市に於ける公園は下京区円山町に円山公園あり、明治十九年十二月開設し總坪数六千九百十六坪あり、東に将軍塚あり、西は八阪神社を越えて市街を遠望し、中央に一老枝垂桜あり、南は真葛原に接し、北は知恩院と隣す、近年大に改造せられ大体の工を終へしも、設計茶庭的にして返て四近の風致を害せるの誹あり」。

総じて『明治園芸史』には、江戸の伝統を破却する風潮を批判する態度と、文明開化による洋風の庭園を評価する視点とが混在しており、その狭間に小川治兵衛的な人物の活動は落ち込んでしまっているふしがある。

だが、彼の庭園の特徴は、無隣庵をつくる時に山県有朋が言ったように、「京都に於る庭園は……茶人風の庭であつて面白くないから」、別の方向を採ったものである。決して「設計茶庭的にして」といったものではない。むしろ、樅の木をはじめとする新しい樹種を用い、刈り込みを低くつくり、石もまた臥せたかたちで据えたという植治の特徴は、明るく開けた印象の和風庭園を生む秘密となっているのである。

ここで興味深い指摘を庭園史のなかから拾ってみることにしよう。『明治園芸史』よりずっと後の時代に当たる一九三八(昭和一三)年に刊行された造園家・針ヶ谷鐘吉の『庭園襍記』に、つぎのような指摘がある。

「明治の中頃から洋風の庭園を実地に試みんとする技術家が現れるに至つた。其の恐らく最初の人と目されるのは宮廷造園家として活躍した小平義親《ママ》氏であらう。氏の採つた手法は従来の日本庭園で常套的に用ひられた飛石、石組、石燈籠を一切捨て去り、其の代りに穏かな芝生の間を心地よいカーヴを描いて走る曲線苑路を設け、芝生の諸処に丸型刈込物を配して苑路の効果を高めたものである。即ち夫れは彼の築地ホテルの庭園に見られる幼稚な折衷式の完成された型であり、仏蘭西風景式を日本化したものとも考へられる様式である。此の折衷式が和洋両建築によく調和し、且つその材料に必要な芝生と刈込物が東京地方に於て比較的容易に得られたことは、此の様式の応て流行を極むる有力な原因をなしてゐたやうである。此の折衷式は当時の上流社会の人々に迎へられ『芝庭』の名の下に築山林泉式と並んで盛に行はれ、明治時代に和洋折衷式として特筆せらるべき一様式を形造るに至つたのである」。

ここに言う和洋折衷式は宮内省に奉職する小平義近の称揚であるが、それを小川治兵衛の作風としてそのまま用いても全く構わない性格のものであり、植治の庭園の近代的性格を教えてくれるところとなっている。ちなみに小川治兵衛は後に桃山御陵の造園を手がけ、大嘗祭の奉仕、桂離宮や修学院離宮の手入れなどを行なうまでになっている。つまり、彼は宮内省的な造園を行ない得る造園家として、明治天皇の御陵の修築や皇室関係の造園事業を委嘱されることになるのである。

彼自身は「芝庭」について、黒田天外に次のように語っている。

「昔の庭園など寂がつくので自然によい筈で、仮令ば木一本でも、風に揉まれ、雨に打たれ、根は張る。枝は茂る、自ずとよくなります。夫に庭園などでも時勢につれて変更せんならんので、今日では寂一方ではいきまへん、やつぱり園遊会でお客の二三百人ぐらゐいれる芝原の必要も生じて来ますから……」。

すなわち、彼も自分から、針ヶ谷鐘吉の指摘する「折衷式」を目指していたのである。しかし彼は、宮内省の造園家であった小平義近のように外国の造園の動向を学んで自己の作風を決めたのではなく、あくまでも和風庭園の手法の改善を通じて、自分流に折衷様式に至ったのである。芝原その他の洋風とも見える要素の導入は、これまでの京都の寺院に見られた象徴主義庭園のもつ緊張感を、自然主義的な理想によって和らげるものだった。

小川治兵衛は庭園内にしばしば伽藍石と呼ばれる寺院の礎石を据えた。これは柱を立てるためのつくり出しという盛り上がった部分があり、中央に柱がずれないようにするための穴が開いているから、すぐに見分けられる。これも、石を歴史的な連想性のなかで用いようとする態度と思われ、それまでの象徴主義的な役石の構成に比べると、ずっと自然主義的あるいはロマン主義的である。

このような植治の庭園の性格は、和風庭園から和洋折衷庭園への変化というより、むしろ茶庭や禅寺の象徴主義的庭園から、自然主義的庭園への移行と思われてくるのである。そしてこれは明治から昭和初期にかけての和風文化全体に見られる性格であろう。その背景には、山県有朋に代表される明治期の新興勢力の台頭が関係している。彼らは国家としての日本を最大限近代化しようと努力した。だが、その表側の姿勢がもたらす緊張を和らげるかのように、私的領域においては和風の文化を求めた。これはわが国近代の歴史全体を覆う、屈折した影である。その際、彼らの求める和風はそれまでの茶道や禅に縛られない、自己流のものであった。茶道や禅に付きまとっている象徴的意味の体系は彼らには重すぎた。彼らは自己の審美眼を基調にした、自然の構成を善しとした。そこに自然主義的な庭園が現われてくる。

植治の出会ったもの

ここで明治から昭和初期にかけての和風の文化を担った人々の見取り図をつくってみよう。そこでは山県有朋がやはり主要な位置のひとつを占めることに気づく。ちょうどそれは岡義武が山県の政治史上の位置を述べて語った言葉がそのまま当てはまるような位置である。すなわち、「今かりに明治・大正の政治の舞台に動いた沢山の人物について、その歴史的分布図のようなものを作ったとする。その場合、山県有朋は長い生涯において演じた役割の故に、また彼を中心にひろがった大きな派閥網の故に、この分布図において中央山脈のような地位を占めることになろう」という言葉の「舞台」は、政治の舞台であるとともに、和風文化の舞台でもあるということである。これは、実は日本の近代の性格を教えてくれる、極めて重要な事実なのである。つまり明治から昭和初年にかけての政治と和風文化は、共通する心性の上に成り立っている。

ひとつの峰から分かれ出る尾根のように、小川治兵衛も無隣庵から発した新しい和風庭園の山脈を築いてゆくことになる。山県と植治の出会いは、おそらく両者に対してそれぞれに、決定的な影響を与えたのだった。

明治から昭和初期にかけての和風文化の担い手は、その時代を通じて日本の近代化を推進した人々と見事に重なる。文化の担い手はつねにその時代の国家の担い手であるのだから、なにも驚くには価しないという見方もあろうが、ここで問題にしたいのはそのことではなく、彼らが担った和風の文化が、最大公約数としての近代日本の文化であったという点である。

小川治兵衛はそうした和風の文化の中枢に屹立する庭師であった。

3章　庭園におけるブルジョワジーと華冑界

住友家の庭園

住友家の当主であった住友吉左衛門友純《ともいと》（号・春翠）は、近代日本を通底する和風文化の構図における、巨峰のひとりである。彼は小川治兵衛の最大のパトロンであるとともに、近代の和風文化の興隆に大きな影響力をもった人物でもあった。よく知られるように、彼は住友家のひとではなく、もとは徳大寺家の生まれであった。徳大寺家は摂関家につぐ高い家柄とされてきた精華家とよばれる公家で、友純の祖父、実堅、父、公純、ともに茶道にも趣味のある人物だった。

住友家近代化にとって、一八九二（明治二五）年、当主に徳大寺家からその第六子隆麿を養嗣子として迎え、第一五代当主住友吉左衛門友純《ともいと》としたことは、大きな意味をもつできごとであった。一八六四（元治元）年生まれの彼は、このとき二八歳、すでに徳大寺家における公家の教養を十分に身につけていた。

徳大寺家の学風は漢学を古義堂の流に、国学を竹内式部から承けた公成《きんなり》の流に学び、和歌は香川景樹の桂園風に就いたという。また茶道に関しては、祖父、徳大寺実堅と父、徳大寺公純が裏千家深津宗味に師事しており、その影響下に隆麿は早くから千玄室から手ほどきを受けていたという。さらには乗馬、能楽鑑賞も趣味で、後には狩猟や自転車にも興味をもつという新しがりやの側面ももっていた。また、春翠と号して生涯それを変えなかった。

こうした公家の教養人を迎えたことが、住友家にとって家格を上げるうえで大きな意味をもったことは当然であったが、五摂家につぐ格式の公家のなかでも、徳大寺家から養嗣子を迎えたことの意味はさらに大きかった。長兄の徳大寺実則はやがて侍従長をつとめることとなったし、やはり兄であり西園寺家を継いだ公望は元老として、また、リベラルな政治家として大きなちからを戦前のわが国の歴史に振った。住友家はこうした人びとを財政的に支える一方で、有形無形にそこから庇護を受けたのではなかったか。

住友春翠は明治三〇年代から古銅器、古鏡、盆栽、煎茶などにも凝りはじめた。銅器や鏡を集めたのは、住友家の家業を意識した収集であり、その質や規模にかんして春翠は妥協のない最高水準を目指した。コレクションの成果は一九一一（明治四四）年に『泉屋清賞』第一帙として図譜にまとめられてゆく。後のことになるが、一九二五（大正一四）年には、京都鹿ヶ谷の別邸に銅器庫が設計され、春翠没後の一九二八（昭和三）年にその完成を見ている。

住友家に入りながらも、一見すると趣味に走り、実業にとっては何の貢献もしていないように見える春翠の存在は、住友家にとっては華冑界とのつながりを得る最大の要素であり、さらにそこから政界とのつながりも生ずる有益なものであった。逆に政界にとっては、住友家はひとつのパトロンとなる。西園寺公望の財政的後ろ盾は住友家であるといわれる所以である。

住友家と小川治兵衛との最初のつながりは、大阪の茶臼山に住友家が本邸を建設し始め、そこに庭園を営み始めた一九〇九（明治四二）年頃からであるという。この後、住友家の庭園は京都の鹿ヶ谷別邸、おなじく京都の衣笠町邸などにひろがってゆく。それらはすべて、小川治兵衛によって作庭された。

住友家は京都の出自であるが、一六二三（元和九）年に大坂淡路町に銅吹所を設けて、銅の精錬の本拠地を京都から大坂に移した。やがて本店も京都から大坂に移し、それらの場所はさらに長堀茂左衛門町に移っていった。この土地は一五七六（寛永一三）年以来屋敷が構えられ、やがて本邸となる。この本邸は鰻谷邸ともよばれて、明治になって住友家が近代化を迎える際の策源地ともなってゆく。

さて、住友家鰻谷本邸に置かれていた銅吹所は一八六九（明治二）年に愛媛の別子に移され、その移設は一八七六（明治九）年に完了していた。そして鰻谷には一八七九（明治一二）年に大阪では民間ではじめての洋館が建設される。

住友家は大阪を代表する豪商であった。だが、大阪もまた、維新後は地盤を大きく低下させていた。それを盛り返すために、新しく港を築き直す築港計画を立て、商業の中心としての基盤整備につとめていた。
大阪の町は、そうした築港の努力もあって、徐々に力を盛り返して来つつあった。その景気をさらに盛り上げるかのように、一九〇三（明治三六）年三月一日から七月三一日まで五か月間にわたって、第五回内国勧業博覧会が大阪で開かれることになった。京都での第四回の開催につぐ、東京以外での開催である。京都の後塵を拝したとはいえ、明治政府が開催する内国博覧会の最後を飾る最大規模のものである。会場はいまの天王寺公園周辺と、堺市の大浜公園からなっていた。
このとき、天王寺会場につながる茶臼山の土地が、住友家から博覧会会場用地として提供された。この土地は、維新以後に住友家が手に入れた土地である。
住友家は一八九五（明治二八）年からこの辺りの土地を入手しはじめていたのである。土地はその後、一八九七（明治三〇）年、一八九八（明治三一）年、一九〇〇（明治三三）年、一九〇二（明治三五）年と買いすすめられてきていた。とくに最後の土地入手は岩崎久彌から譲渡を受けたものであった。当時の『三菱社誌』はこう記録している。
「（明治三五年五月一二日）
茶臼山土地譲渡
大阪市南区天王寺茶臼山町九二番地山林一町六段一畝二〇歩外九筆ヲ金四万五千円ヲ以テ住友吉左衛門ニ譲渡シ、曩ニ我社譲受ノ際陸軍省ニ約スル所ノ同所名蹟保存ノ趣旨ヲ継承確守セシムルコトヲ条件トス」

これによれば、住友家は三菱から茶臼山の土地を入手するにあたっては、史跡としての価値を損ねないという条件を受け入れていた。茶臼山は、現在天王寺公園内にある高さ八メートルほどの丘である。古墳ではないかと考えられており、一六一八（慶長一九）年の大坂冬の陣では、徳川家康、秀忠父子がここから大坂方の様子を窺い、やがて家康は陣を茶臼山に移している。翌年の夏の陣では大坂方の真田幸村がここに陣を敷き、後に茶臼山の合戦といわれる激戦を繰り広げたとも云われる。最終的に夏の陣に勝利を収めた徳川家康は、この山上に旗下の諸将を集めて戦勝を祝ったので、「御勝山《おかちやま》」とも云われた。このような由緒をもつ土地であればこそ、住友家もその保存の趣旨に理解を示したのである。

ここに博覧会後、住友家は本格的に邸宅の建設をはじめる。一九一二（明治四五）年三月一日に地鎮祭を挙行、翌年五月二九日には上棟式を行なうまでになった。そして一九一五（大正四）年にこの邸宅は完成する。建築は住友家の建築家であった野口孫市、日高胖、そして棟梁の八木甚兵衛らの手によるものであった。そして建築に先だって一九〇八（明治四一）年には、庭師・小川治兵衛に命じて庭園の築造をはじめていた。小川治兵衛は、太閤の作事の再来といわれるほどの規模の作庭を行なった。こうして生まれた住友家の茶臼山の庭園は「慶沢園」と名付けられた。

慶沢園の作庭を手がけたのが小川治兵衛であった。じつは茶臼山本邸の着工前年の一〇月五日、住友春翠は小川治兵衛をつれて金沢を訪れ、兼六園を見ている。ここでは庭園の石橋に着目したといわれる。春翠は翌年には岡山の後楽園を訪れており、慶沢園の庭園構成を考えるうえでこうした大名庭園が参考とされたのであろう。
慶沢園は小川治兵衛の手腕を遺憾なく発揮した大庭園である。この庭は中央に大きな池をもち、池を作るために掘られた土砂を盛って、北東部に築山を築いている。この築山の裾に据えられた巨石から滝が流れ、全体に動きが生ずる。実に豪放な構成の滝であり、慶沢園の性格はこの滝によって決定されているといってよい程のものである。各所には大石が据えられ風情を添える。この石は遠く瀬戸内海から運ばれたものだという。太閤の仕事の再来といわれる所以である。しかしながら池の周囲には洲浜も所々に設けられ、穏やかな景色も見せている。また自然石を並べた沢飛びの石の列があるかと思えば、一方には「くの字」に延びるシャープな切り石の橋も架けられ、雄大な庭園内には多様な作庭手法が展開される。これこそ庭師冥利に尽きる大庭園造営である。小川治兵衛自身、この作庭に関わりはじめた時期につぎのように語っている。

「今度住友さんが茶臼山に別荘をこしらえるのでございますが、総地坪が四万坪で其半分の二万坪は庭園になるのでございますが、昔なら秀吉公の仕事どすな。私の行ったのは昨年からですが、全部任すといふことで先ず三年位はかかりませう。何分大坂城を築いた地勢ほどあつて、庭石でも四国からどんどん五千貫、七千貫といふのが何百と知れん程集まつてます。あれが出来れば関西第一で、岡山公園などとても及びますまい。」(『続々江湖快心録』)

ここに小川治兵衛が住友春翠のもとに仕事を行なう機縁が生じたわけであるが、直接の切っ掛けが何であったかはわからない。大規模な庭園を手掛けるならば植治に依頼するのがよかろうという風評はすでに立っていたであろうが、平安神宮神苑の仕事が植治と住友とを結び付けたと考えるのが自然かもしれない。一八九三（明治二六）年、春翠は遷都千百年記念祭協賛会の評議員となって、平安神宮造営に関わるようになっていたからである。

遷都千百年記念祭協賛会は、会長の近衛篤麿および副会長佐野常民のもと、祭典の会場として記念殿を建設し、そこに本殿を付して全体を神社とする事業を行ない、併せて社殿一帯の風致保存のために神苑造営も行なわれた。この工事の出来栄えに感心した春翠が、造園を担当した植治を評価するようになったというのである。『住友春翠』はふたりの関係をこう評している。

「明治四二［一九〇九］年春翠の命を受けて、茶臼山築庭にかかつたのは技熟した五十歳の時であつた。植治は才略がある一面直情径行、虚淡にものを言ふので春翠の心を得てゐた。春翠に僅か年長であり、身分に大差はあるが共に養子の身であるといふ事も、語つて通ずるものがあつたやうである。」

養子同士の共感が存在したのではないかというこの解釈が真実であるとも思われないが、植治が「円転滑脱」と評される性格の持ち主であったことや、平安神宮の神苑造営にあたっては、後に初代京都市長になる内貴甚三郎をはじめとする、多くのうるさ型の園芸関係委員の監督を受けながら滞りなく仕事をし終えていることなどに見られるとおり、極めて人当たりのよい人物であったことは事実であろう。それが公家から資本家の家に入った春翠に対しても、自然に接することのできた理由であったかと思われるのである。

植治のことを呼びつけにしたのは山県有朋と住友春翠だけであったと、のちに伝えられているが、そのことは逆に植治と春翠との間が、ある種肝胆相照らす仲であったことを窺わせる。こうして小川治兵衛は、最大のパトロンとの出会いを成し遂げたのであった。

一九一六（大正五）年からは、茶臼山に洋館の建設がはじめられた。明治初年から昭和初年までは、大規模な邸宅の場合、日本風の邸宅と洋館をそれぞれ建てて使い分けるという、「和館・洋館並立」の形式の邸宅が多かったのである。住友家は茶臼山の敷地に、この形式によって極めて大規模かつ豪壮な邸宅を建設したのであった。この洋館は一九二〇（大正九）年に完成する。洋館を設計したのは住友の日高胖であった。数寄者の世界にも、帝国大学出身の建築家たちの参入が見られるようになっていたのである。その代表的な存在が住友営繕に所属する帝大出の日高胖、野口孫市らだった。彼らは産業資本家としての住友の諸施設を設計するとともに、主家のためにその私的世界を築き上げることもまた自らの至上命令と心得て、その才知の限りを尽くした。彼らの遺産は、現在も京都鹿ヶ谷の住友家本邸などに窺うことができる。それは西洋建築の素養をもった建築家たちが、自己の力量を私的世界の成熟に振り向けることによって生じたものであった。彼らがそうした力を振るえたのは、日本の近代社会がようやく成熟の時期を迎えたからにほかならない。

それまでの住友家の本邸は大阪の中心部、鰻谷にあった。鰻谷は大阪の中心地域、商人の町であった。住友家は一六三六（寛永一三）年からここに地所を構え、一六八五（貞享二）年からそこに本邸を建てていた。明治に入ってからは、一八七九（明治一二）年に先に述べた棟梁八木甚兵衛の手で洋館が建てられているし、一九〇五（明治三八）年には同じく八木甚兵衛によって、東座敷が改築されている。

茶臼山の邸宅は、こうして手を入れつづけられてきた鰻谷の本邸をここに移すことを意味していた。茶臼山には鰻谷から茶室好日庵が移築されている。町なかから本邸を移すことによって、新しい生活のスタイルを求めたのである。鰻谷からは一九一五（大正四）年に、改築された東座敷の書院が須磨の別邸に移築されている。そして茶臼山本邸の和風の邸宅が完成した翌々年、一九一七（大正六）年には鰻谷邸を総本店の所管とすることが決められている。

だがこうして本邸が鰻谷から茶臼山に移り、やがて洋館も完成した途端、不思議なことが起きる。洋館が完成して、本邸の結構がすべて整った翌年、すなわち大正一〇年に住友家は本邸敷地と庭園をそのままに、美術館用地として大阪市に寄付してしまうのである。

当主住友吉左衛門友純の伝記『住友春翠』は、つぎのように伝える。

「十二月六日［大正一〇（一九二一）年］の午前、中田、小倉両理事は、市庁に市長池上四郎を訪ねて、住友家茶臼山本邸の敷地と茶臼山を大阪市に寄付することを申込み、次の願書を差出した。（中略）この事は突如として起つた如くであるが、その由来は深く久しかつた。」

そこで挙げられる理由は、一九二〇（大正九）年ごろから大阪市が美術館建設を計画していたが、用地が見つからなかったこと、一方、住友家の方では茶臼山の土地が、一九〇三（明治三六）年の第五回内国勧業博覧会の頃から、周辺環境の悪化を来たしていたことである。このときの会場のひとつが茶臼山の敷地周辺であり、住友家は土地を提供して博覧会に協力したものの、この博覧会によって本邸敷地のまわりは大変貌を遂げる。『住友春翠』はこう書く。

「はじめ二三の別荘などが相隣る外は人家も稀な荒蕪地が広く連り人事の煩に無縁と思はれた一帯の地も、博覧会の頃からは著しく変貌して、公園が出来、その西には新世界の雑踏の地が生れ、更にその南には飛田界隈の陋巷がひろがつた。更に天王寺駅に頻繁に出入する列車が丘上に煤を降らし夜は殊に響いた。」

住友家が協力をしたはずの「博覧会の頃から」、この周辺は住友家の本邸としては好ましくない環境になっていったというのである。博覧会が開かれた年、京都に小川治兵衛がつくり上げた無隣庵に、首相桂太郎、政友会総裁伊藤博文、外相小村寿太郎が山県有朋を訪ねて、日露開戦を諮るいわゆる「無隣庵会議」を開いたことを、以前見てきた。植治の庭は政治的決断の舞台としてそこに見え隠れしていた。その一方でおなじとき、大阪では植治の庭が住友家の手を離れて、美術館用地となっていったのである。これもまた、庭を巡るひとつの政治的決断であった。

たしかに第五回内国勧業博覧会は、明治時代最大の博覧会となった。入場者数は前回の京都・岡崎でのものに比べて一〇倍、五三〇万人に及んだし、出品館も多彩だった。しかしながらこのとき、それまでの勧業博覧会がもっていた見本市的性格に替わって、娯楽色のつよい見せ物的な博覧会としての性格が強くなっていった。それがこの大阪での博覧会だった。教育館、参考館、美術館、学術人類館などのパヴィリオンにならんで、パノラマ館、世界一周館、不思議館、サーカスなどがあり、大阪ではじめてエレベーターを備えた建物が建てられ、ウォーターシュート、メリー・ゴーラウンドなども設けられた。こうなるともう遊園地である。

内国勧業博覧会は明治期の日本が近代化を推進するために行なった、文字通り勧業政策の重要事業であった。一八七七(明治一〇)年に東京の上野公園内で開催された第一回の内国勧業博覧会以降、一八八一(明治一四)年の第二回、一八九〇(明治二三)年の第三回までは、すべて上野を会場としていた。博覧会は輸出を意識した勧業政策の事業であったから、現在の感覚で見るならば産業見本市に近いものであったが、当時の輸出産業は工芸品、窯業製品などが中心であり、美術工芸品というべきものだった。博覧会、博物館、博覧会事務局といった概念は産業と美術の両面にわたって未分化にひろがっていたのである。したがって博覧会の会場は産業見本市のメッカというよりは、美術のメッカとなっていった。上野に博物館を建設することにはじまり、ここには動物園が設けられ、公園としての整備も進められてゆく。内国勧業博覧会は、上野という場所を「文化化」するうえで決定的な役割を果たしたのである。

こうして開催されてきた内国勧業博覧会は、一八九五(明治二八)年の第四回にいたって、東京を離れ、京都で開催されることになった。この京都での博覧会開催が、岡崎公園の地域を京都における美術や文化のメッカとしてゆく契機になる。岡崎公園の地区には動物園も設けられ、平安神宮が造営され、武徳殿も建設される。美術館の建ち並ぶ景観は東京の上野と好一対である。ここにも勧業博覧会が文化地区を生み出す事例が見出されるのである。ちなみに岡崎での第四回内国勧業博覧会に展示された黒田清輝の絵画「朝粧」が、女性の裸体を描いているということでスキャンダルとなったことも、わが国に美術が定着してゆく過程での有名なエピソードである。

無論、岡崎には琵琶湖疏水が巡っており、無隣庵もこの地区に接して建っていたし、そもそもこの地区の整備で名を挙げていったのが小川治兵衛であったのだから、岡崎地区の「文化化」と植治の出発は密接不可分な関係にあった。疏水事業という勧業政策が植治による作庭によって「文化化」してゆくように、内国勧業博覧会という勧業政策もまた、地区を「文化化」してゆき、そこに植治の庭園群を成立させてゆくのである。

それに対して大阪での第五回内国勧業博覧会は、やがて新世界という町を産み落とす。一九一一(明治四四)年に「新世界」の経営を目的とする大阪土地株式会社が設立され、パリの街区を参考にしたといわれる道路が設けられ、通天閣という名の塔が建てられ、イルミネーションに輝くルナパークが生み出されたのである。この大衆娯楽地と天王寺公園が、博覧会の落とし子であった。これは地区の「文化化」をもたらすべき計画であったかもしれないが、現実にはあまりに大衆的な娯楽に満ちた地区の誕生であった。住友家はそれを嫌った。

ここで、住友家の茶臼山本邸建設の動きと、第五回内国勧業博覧会以後のこの土地の動きをもう一度まとめ直してみよう。

一八九四（明治二七）年　住友家、茶臼山の土地入手開始　以後継続
一九〇二（明治三五）年　住友家、岩崎家から土地入手
一九〇三（明治三六）年　第五回内国勧業博覧会開催
一九〇八（明治四一）年　小川治兵衛、茶臼山本邸作庭開始
一九〇九（明治四二）年　博覧会跡地に天王寺公園の東部を開園
　　　　　　　　　　　　住友家、茶臼山本邸建設開始
一九一二（明治四五）年　茶臼山本邸地鎮祭
　　　　　　　　　　　　天王寺公園の西部を開園
　　　　　　　　　　　　「新世界」開業、通天閣、ルナパーク建設
　　　　　　　　　　　　ミナミの大火（遊廓消失、移転先を検討開始）
　　　　　　　　　　　　茶臼山本邸上棟式
一九一五（大正四）年　茶臼山本邸竣工
　　　　　　　　　　　　天王寺公園内に私立動物園開設
一九一六（大正五）年　隣接する飛田を遊廓地に指定
一九一七（大正六）年　飛田遊廓開業
一九二一（大正一〇）年　住友家、茶臼山本邸敷地を美術館用地として寄付
一九二五（大正一四）年　住友家、茶臼山本邸を解体、住吉に移築

茶臼山の本邸用地を庭園とともに大阪市に寄付し、それを美術館用地にするようにと申し出たことは、大阪における内国勧業博覧会用地を、東京や京都とおなじような、大阪における都市の文化地区にしたいという住友家の願いの現われだったのであろうか。その真実は誰にもわからない。当の住友家にも茶臼山の未来像は描けなかったのであろう。だが、茶臼山本邸の西に接して新世界、ルナパーク、通天閣という、ディープな大阪の庶民文化の中心が形成されてゆき、さらにその南側には飛田の遊廓地が開かれるにいたっては、住友家としてはいたたまれない気分であったろう。大阪市に対して住友家は茶臼山の土地を美術館用地に寄付し、大阪府に対しては中之島に図書館を寄贈する。こうして大阪の「文化化」に寄与しながらも結果的に住友家は、茶臼山を撤退して、その邸宅を兵庫の住吉へ、そして京都の鹿ヶ谷へと移してゆく。京阪神地区が、大阪はビジネス、京都は伝統、神戸は生活、といった棲み分けされた地域集合体になってゆく過程を象徴的に示すのが、この住友家の邸宅の移動であろう。住友家が大阪を逃げ出したのか、大阪が住友家を追い出したのか、どちらとも決めつけられない。それが大阪なのだとしか、言いようがない経緯であった。

かくして小川治兵衛の庭園中もっとも広大だといわれた茶臼山の庭園〔慶沢園〕は、そのパトロンの手を離れ、公共の庭園になった。おそらくそれは植治の望む当初の庭園の有り様ではなかったろう。

一九二五（大正一四）年、住友家茶臼山本邸の和風の邸宅は解体され、兵庫の住吉村反高林に運ばれて建て直された。住吉の屋敷はこの年五月二日に披露される。住友家は庭だけを残して大阪から去ったのである。

住友家の新しい本邸となった住吉村反高林の土地は、もともとは住友銀行本店支配人などを勤めた田辺貞吉の屋敷だった。彼は一九〇九（明治四二）年に息子の名義でこの土地を登記している。しかしこれは建築を終了してからの登記であったようで、すでに前年六月一日には庭園の修築を完了している。このとき田辺邸の庭園をつくったのは、小川治兵衛であった。また、庭園に先だって完成していた建物の方も、住友家の建築家、野口孫市が洋館を設計し、和風の邸宅の方は八木甚兵衛が棟梁を勤めていた。住友の幹部として、住友家出入りのひとびとを使って自己の邸宅を営んだのである。彼は一九〇四（明治三七）年に住友を辞め、引退しているので、それを機会にこの土地を入手し、老後の隠棲の地にしようと考えていたらしい。

住友家がこの田辺邸を手に入れるのは、茶臼山本邸を引き払うよりも前のことだった。住友家の長女孝が、鳥居子爵の三男忠輝と結婚した一九一四（大正三）年七月一一日、その新居として、田辺貞吉は完成後ほどない自邸を住友家に譲渡したのである。七月一五日、忠輝と孝の夫妻は大阪鰻谷の屋敷からここに移った。田辺の住友家に対する報恩の行為であった。

こうして忠輝夫妻は住友家の分家としてここに住んでいた。そこに起きたのが茶臼山本邸の撤退である。住友家としては住吉の土地が新しい本邸としてふさわしいという結論になった。茶臼山から和風の建物が移建され、田辺貞吉が建てた洋館は少し場所をずらして新しい本邸の一部として使われることになった。かくして住友家は住吉村反高林に本邸を移動したのである。

田辺貞吉が住吉に土地を求めた頃は、まだこのあたりには狐や狸が出没するような風情が漂っていた。近くに朝日新聞を興した村山竜平の広大な屋敷があるのが目立つ程度だったのである。しかしながらその後、この辺りは関西のブルジョワ階級が屋敷を構える屈指の高級住宅地に変貌してゆく。

住友家は建築家の野口孫市、日高胖らを擁して一九〇〇（明治三三）年六月一日に臨時建築部を設け、本店、銀行、中之島に建設する図書館、須磨別邸などの建設を目指していた。一九〇三（明治三六）年には須磨別邸本館が落成した。明治末から大正期にかけて、住友家による邸地の集積には目覚ましいものがあった。一九〇五（明治三八）年には、鰻谷本邸の東座敷の改築上棟が行なわれているから、鰻谷邸も用いられつづけていたのであろうが、茶臼山邸、須磨別邸、東京の麻布鳥居坂の土地を大鳥圭介から購入して麻布別邸とし、増築しているし、麻布市兵衛町に三四〇〇坪の土地を入手して新しい麻布別邸としている（付表3―1・3―2）。

一九一三（大正二）年には、京都南禅寺近くの鹿ヶ谷宮ノ前町の土地を小川治兵衛の勧めに従って購入し、土地を拡張して鹿ヶ谷別邸としてゆく。また分家の住友忠輝一家のために住吉の邸宅を購入したのも、この頃である。また、住友家では息子の寛一のための住居を京都衣笠山麓に構えた。さらには、息子の厚が学習院に通うために東京の北豊島郡高田町にも土地を購入して目白別邸を設けている。このほか、舞子にある有栖川宮舞子別邸を購入して、半洋風に改造しているし、有馬温泉、熱海にも別荘があったようだが邸宅群の全貌はなかなかわかり難い。また、鰻谷の本邸にあった東座敷と書院は須磨別邸に移築され、鰻谷邸は総本店の所管に移されている。一九一五（大正四）年に本邸は茶臼山に移っていたからである。

茶臼山本邸の庭園は小川治兵衛の手になったが、それ以外の住友家の庭園もみな、彼の手になるものであった。大正初期、茶臼山の慶沢園が本邸となった時期前後の住友家の主要な邸宅のラインアップを見てみよう。

鰻谷邸　　旧本邸（一九一七年　総本店所管となる）
茶臼山邸　　本邸（一九二一年　大阪市立美術館用地として寄付）
鹿ヶ谷邸　　京都別邸（一九二〇年完成　のち本邸となる）
須磨別邸　　（一九一五年東邸新館上棟）
住吉邸　　田辺貞吉邸→分家忠輝邸→本邸（のち本邸は京都に移る）
麻布市兵衛町邸　　麻布別邸（現在　泉ガーデンとして再開発される）

これ以外にも多くの別邸が存在していたことはすでに述べたが、ここに掲げた邸宅の庭園には、多かれ少なかれ、みな植治、すなわち小川治兵衛が関与していた。

結構の雄大さにおいて慶沢園は群を抜くものであったが、小川治兵衛の作風がもっともよく現れている点においては、むしろ京都鹿ヶ谷の別邸を見るべきである。ここは琵琶湖疏水の水を利用する立地で、もともとは植治が自ら開発していて、それを住友春翠に勧めて取得させたのだという。疏水の水を用いて、流れのある庭をつくることこそ植治の本領であり、鹿ヶ谷別邸の立地は彼にとって、もっとも腕を振るうにふさわしい場所であった。住友家のこの庭園は有芳園と名づけられた。

小川治兵衛の庭園は、水を静止した池ではなく、流れとして用い、石は伏せ、ツツジやサツキを低く低く刈り込み、広く開けた芝庭を配するところに特徴があると言われ、浩然の気に満ちたその風情は、屋内から眺めるだけでなく、園遊会にこそふさわしい近代の庭園だといわれる。

しかしながら庭園内の樹木に関しては、むしろ名木を排した。モミやヤマモモなど、それまであまり用いられなかった樹種をつかい、庭園の境界部分を隠すなど、広大ではあっても都市型の庭園にふさわしい手法を用いた。

しかしながら住友家鹿ヶ谷別邸の庭園では、植治はここに無数の赤松を植え込み、京都風に透いた剪定を施したそれらの松の梢越しに、東山の借景が自然につながる庭園をつくり上げている。松の多い庭園は手入れに手間ひまがかかり、贅沢な庭だといわれる。鹿ヶ谷別邸の庭園こそ、費用に糸目をつけずにつくり上げた世界であり、住友家と小川治兵衛が出会わなければ成立しない世界であった。

住友家鹿ヶ谷別邸の水は、琵琶湖疏水分流から取り入れられ、池に入り、流れとなって庭園を巡って、やがて邸地の南を流れる白川に注ぎ入る。動きのある水を生み出しているのがこの鹿ヶ谷別邸の庭園であり、植治がもっとも得意とする琵琶湖疏水利用の庭園なのである（図3―1）。本来であれば庭園に水をもたらす疏水分流はアパー・カナルであり、水が出てゆく先の白川はロアー・カナルなのである。水力発電が実用化されなければ、この水の流れは工業用動力となる筈のものであり、有芳園の立地は工場立地そのものだった筈なのである。近代産業のためのエネルギー・インフラを、近代和風文化のためのインフラに転用したところにこの庭園が誕生した。

図 3-1　住友家鹿ヶ谷別邸有芳園

図 3-2　有芳園の銅橋

この庭園には、みごとな銅製の橋が架けられている。無論、仰々しい橋ではなく、低い欄干の、気付かずに渡ってしまえるほどの橋である。けれどもこの銅橋こそ住友家が近代資本家として立つ、富の源泉であった。古銅器や古鏡の収集を行ない、一八九七（明治三〇）年には皇居前広場に銅製の楠木正成騎馬像を奉献している春翠にとって、鹿ヶ谷別邸の銅橋は近代資本家たる住友家当主としての、自らのアイデンティティの表出だった。

この銅橋は堅実を旨とする住友家の家訓に出たものといわれ、近代化を図る住友家のシンボルとして、常にその本邸に置かれてきた。すなわち鰻谷邸にはじめ据えられ、そこから、本邸が移るたびに橋もまた移されてきたのである。それを鹿ヶ谷邸においてみごとに赤松の庭園のなかに収めたところに植治の才腕がある（図3―2）。

住友から西園寺の庭へ

小川治兵衛の庭園を多く所有した人物として、住友吉左衛門友純（春翠）と並ぶべき存在が、西園寺公望だった。

東京駿河台にあった西園寺の本邸、静岡県の興津に構えられた別邸坐漁荘、そして京都別邸であった清風荘、これらの庭園はすべて小川治兵衛が手がけたものであった。一八四九（嘉永二）年、右大臣徳大寺公純の次男として生まれた彼は、一八五一（嘉永四）年に右近中将西園寺師季の養子となり、養父の死去に伴って翌年には西園寺家を継ぐこととなる。一八五三（嘉永六）年には、はやくも侍従を命ぜられている。こうした、根っからの公家であった西園寺公望は、維新後は一八七〇（明治三）年にフランス留学を命ぜられ、一〇年間滞仏生活を楽しんで帰国した。

一八八四（明治一七）年華族令の公布とともに侯爵を授けられ、オーストリア公使、文部大臣、枢密院議長などを歴任し、二次にわたって西園寺内閣を組閣し、一九一九（大正八）年には七〇歳にして第一次世界大戦のヴェルサイユ講和条約の調印に出席し、翌年には公爵を授けられた。昭和の時代にはただひとりの元老として、天皇の輔弼の任にあたった。そして一九四〇（昭和一五）年、興津の別邸坐漁荘で亡くなるのである。

西園寺公望がその邸宅群の庭園を小川治兵衛に任せたのは、公望の弟が住友家の当主となっていたからである。徳大寺家に生まれた兄弟は、長兄が徳大寺家を継ぎ、次兄が西園寺家に入り、三男が住友家に迎えられたのであった。こうして形成された徳大寺・西園寺・住友のトライアングルは、政治経済的にさまざまに機能するとともに、その庭園形成においては、小川治兵衛の活動のテリトリーとなった。小川治兵衛の庭園は、このトライアングルを基礎として、一挙的拡大を遂げてゆくように思われる。

西園寺公望はフランスから帰朝して、まず京橋の木挽町に居を構えた。待合風の粋なつくりの屋敷だったという。そこから大森に移り、ここではじめて自分で家を建てた。この邸宅を西園寺は「望緑山荘」と称し、郊外の生活を楽しむ場としていた。この邸宅は後に内田嘉吉に譲渡されたという。そして三度目に駿河台に来たのであった。

駿河台の邸宅は住友家が建てた。住友の営繕技師が設計した西洋館で、内部には日本間が設けられたものだったという。しかしながらこの邸宅も古くなったので、関東大震災の二年前に、大規模な屋敷に改築したという。このときも建築の設計は住友営繕の技師たちがあたり、洋間が主体の邸宅が完成したのだった。しかしながらこの建物は一九二三（大正一二）年の関東大震災ですっかり灰燼に帰してしまう。そこで駿河台の土地に三たび本邸が建設されることになった。このときもまた住友家がその普請を請け負った。今回は住友家の京都衣笠の別邸の一部を移築することになり、洋間と日本間をもつ二階建ての建物が移築された。衣笠別邸は、住友家が息子の寛一のために建てたもので、一九二〇（大正九）年に完成したばかりのものであった。震災後、この移築工事が完成するまでの間、西園寺公望は東京ステーションホテルに仮住まいしていたという。また、この移築が完成してからしばらくたって、二階家は上り下りが大変なので、平屋の洋館を増築したという。このときは自分で間取りを工夫して楽しんだりしたらしい。

小川治兵衛がいつから駿河台本邸の庭園を手がけるようになったか、正確にはわからない。山根徳太郎編の『小川治兵衛』の作品年譜によれば東京の西園寺邸は一九一八（大正七）年には着工したとあるから、震災前から駿河台の庭園に関与していたらしい。したがって、当然震災直前の工事、そして衣笠別邸の移築による復興工事には参加していたであろう。ちなみに植治は駿河台に移築されるこ

図3-3　西園寺公望駿河台本邸

とになる衣笠別邸の庭園を手がけていた。

震災後の、第三次駿河台本邸の見取り図とおぼしきスケッチが残されている。これは西園寺の没後にこの邸地を譲り受けた中央大学が刊行した『西園寺公追憶』と題された書籍に掲載されているもので、屋敷全体の鳥瞰図である（図3―3）。残念ながら肝心の庭園部分は図の上の方で、省略されてしまっている。説明によれば敷地面積は八一二坪二合一勺、建物の総建坪は二五五坪二合八勺とのことである。図ではすべての建物が瓦葺きで和風に見えるが、「屋根に避雷針がある建物は洋館」と解説されているので、図に見える右奥の建物が、西園寺自らが工夫した平屋の洋館なのであろう。

駿河台本邸とならぶ京都別邸である清風荘は、もともと徳大寺家の別邸清風館だったものである。一八三二（天保三）年、公望の祖父にあたる徳大寺実堅が創建した別邸で、当時は洛外田中村の荒涼たる僻地だったというが、ここで実堅は楽焼きなどに興じていたという。西園寺公望も住友春翠も幼時には、徳大寺家の若君としてここで遊んだ思い出をもつ。彼らの父・徳大寺公純は幼い公望を馬に乗せてこの庭園を漫歩したという。この屋敷は一九〇七（明治四〇）年に徳大寺家から住友家が買い受けた。そしてここに付近の土地を加えて拡張し、一九一三（大正二）年に新たな屋敷を完成して、それを西園寺公望京都別邸としたのである。工事は住友出入りの棟梁八木甚兵衛、そして庭園は小川治兵衛であった。

ここは小川治兵衛の作庭の特徴がよく現われた伸びやかな庭をもつ。低く刈り込まれた植栽と緩やかに広がる芝生の庭、それは西洋文化を愛した西園寺公望の趣味にあった近代性を備えているようである。無論、変化に富んだ池と流れが庭園の中心要素として配置されている。この池は琵琶湖を意識したものといわれ、なかに本物の琵琶湖を模して竹生島に相当する中之島が設けられている。この別邸の水は、徳大寺家時代には白川の水を引き込んでいたといわれるが、植治の作庭以後は琵琶湖疏水分流の水が引き入れられることになった。位置的に清風荘は疏水分流の水を用いた庭園のなかで、もっとも西に位置する。園内の水を流すためには、モーターが用いられたという。目に見えない部分には近代的技術が用いられているのである。庭園は伸びやかな広がりを示すけれど、同時に茶室保真斎の手水鉢、織部灯籠など、風情に富んだ細部をもつ。

政治家であり公家であった西園寺公望にとって、京都に別邸を構えることは極めて重要なことであった。そこに彼の政治スタイルが表明されるからである。明治以降、首都が京都から東京に移っても、京都に屋敷を構えることは依然として重要なステータス・シンボルであり、実業家にとってもそれは大きな意味をもつものであった。ましてや公家出身の西園寺にとって、彼にふさわしい屋敷を京都にもたないなどということは、とても考えられないことだった。

駿河台に本邸を構えても、京都に別邸をもつことこそが、彼のアイデンティティの証なのであった。西園寺の実家である徳大寺ゆかりの別邸を、我がものとして使いつづけることこそ、もっとも西園寺好みのライフ・スタイルであったろう。この館にいる時には、西園寺はあまり政治家には関心をもたず、内藤湖南、西川一草亭らと付き合うことが多かったという。小川治兵衛の庭は、京都でも東京でも、ステータス・シンボルとして通用するにふさわしい、伝統性と近代性を兼ね備えていた。

西園寺公望は小川治兵衛のことも、なかなか気に入っていたようである。『小川治兵衛』に回想を寄せた光雲寺住職は、こう述べている。

「植治などに対しては、今日は植治が来ているねえ、一寸よべといった工合に、部屋に呼んでいたらしい。しかし植治の造園は充分みとめていたらしくその書いたものにも、小川兄と書いております。」

清風荘の庭と屋敷は、西園寺公望の没後、彼が愛した京都帝国大学に住友家から寄贈されて、一九四四（昭和一九）年以来、現在にいたるまで京都大学の迎賓施設として保たれている。ここには京都をホームグラウンドとした植治の手腕が遺憾なく発揮されている。すなわち貴族趣味を備えながらも近代的な西園寺にふさわしい庭園のスタイルである。そしてその庭園を使いこなすというアカデミックなライフ・スタイルは、京都大学の人びとが引き継いでいるように思われるのである。

そして、西園寺公望が興津に営んだ坐漁荘がある。この別邸の存在が、西園寺のライフ・スタイルを完成させているのであった。

明治以降のわが国の有力者たちは、東京に本邸を構え、京都に別邸をもつと同時に、湘南に別邸を構えることを好んだ。湘南の別邸では、俗世間を離れた閑雅なひとときを楽しめたからである。そこには西洋風のカントリー・ジェントルマンのライフ・スタイルへのあこがれも見られた。

鎌倉に別邸をもつ、小田原に別邸をもつ、大磯、湯河原、熱海に別邸をもつ、沼津に別邸をもつ、下田に別邸をもつ、岩渕に別邸をもつ、そして興津に別邸をもつ。こうしたライフ・スタイルが明治以来、営々と形成されてきた。鎌倉から静岡にかけての湘南ベルト地帯に形成された別荘・別邸群は、日本の近代化が生み出した新しいライフ・スタイルだった。ちなみに、このベルト地帯には数多くの御用邸が営まれてきたし、その周囲には御用邸を追いかけるかのようにさまざまな別邸群が形成されてきたのである。

しかしながら、湘南の別邸といっても、人びとは日常生活を東京で送るのだから、余り遠くだと不便である。鎌倉の別邸という距離感が、一番日常生活と両立しやすい。しかしながら日常生活に追いまくられる必要がなければ、もう少し距離のある別邸を構えることも可能である。そのなかでも、西園寺公望が別邸を構えた興津は、東京からの距離が群を抜いて遠かった。

鎌倉をはるかに離れて、伊藤博文が別邸蒼浪閣を構えた大磯よりも、山県有朋が別邸古稀庵を構えた小田原よりも、そして田中光顕が別邸古渓荘を構えた岩渕よりもさらに遠くに、興津は位置する。西園寺公望は、はじめ大磯に別邸を構えたが、それを廃して興津に移るのである。大磯別邸はのちに三井の池田成彬別邸となる土地に隣り合う場所であった。

一九二〇（大正九）年に興津坐漁荘を構えた公望は、自らの名を太公望になぞらえつつ、ここでのどかに魚などを釣る生活を夢見て坐漁荘の名を選んだといわれるが、人びとは彼の政治的判断を知ろうと「興津詣で」を繰り返すことになる。

西園寺公望は一九二二（大正一一）年に御殿場にも別荘を構えた。これは近くの藤岡村鎌戸にあった由緒ある農家の母屋を移築改造したもので、興津の坐漁荘と併用して避暑のための別邸として用いられた。ここだけは別邸としての庵号をもたず、あくまでも草庵の風情そのものであった。ここの裏には六反近い水田があって、この田からは毎年一三俵の米がとれるので、これが西園寺の食するところとなった。ここからは富士山の眺めが楽しめるので、滞在中は朝七時半起床、夜九時半就寝、日中は読書三昧で過ごしたという。ただしここでは新鮮な魚が得られないので、滞在中は洋食を食べたという。他の邸宅では、彼は興津から連れてゆく料理人が調理する和食を食べていたという。これは京都の清風荘に滞在するときにも変わらなかった。こうして彼は後半生において、複数の邸宅を順次移動しながら生活していた。

駿河台本邸
京都別邸　清風荘
湘南別荘　坐漁荘と御殿場の別荘

安藤徳器は一九三八（昭和一三）年に刊行したその著『園公秘話』のなかで、「現状から観れば、興津が本宅、京都が別荘、東京は臨時出張所、御殿場は興津の離れ座敷といふ格であらう」といっている。晩年の西園寺公望にとって、興津こそ日常の場となったのであった。

それぞれの場には、それぞれそこにふさわしいライフ・スタイルと、人との付き合いがあったのである。これは多くの屋敷を構えた山県有朋の生活の形式とも共通するものであった。

坐漁荘では、海を望む別邸の二階座敷からは広闊な眺望が楽しめたが、そこに座している主客のすがたは外からは窺い知ることができず、情報収集に集まる記者たちをいらだたせたという。むろん、この別邸の庭園も小川治兵衛の手になるものであった。低く低く植栽を刈り込む植治の手法は、海に臨んだ興津の立地に、まことにふさわしい庭をつくり出していたことであろう。住友家の財力をバックにした西園寺の、悠揚迫らぬ政治手法がここでも発揮されたのである。

坐漁荘は西園寺の没後、いくつかの変遷をたどりながらも興津に残されていたが、一九六八（昭和四三）年愛知県犬山市の博物館明治村に移築されることが決まり、翌々年に公開された。建物は、いまでは登録文化財となっている（図3−4）。

一方、興津の故地でもやがて坐漁荘再興の機運が生じて、二〇〇三（平成一五）年に坐漁荘が再現

図 3-4　西園寺公望興津別邸坐漁荘（明治村移築）

された。東京をはるかに離れた興津で、悠然と海を眺めながら暮らす西園寺公望のライフ・スタイルのもつ魅力が、人びとに訴えかけたのであろう。

事実、西園寺公望によってそのピークを迎える、湘南別荘を構えるというライフ・スタイルは、戦後の政治家たちにも引き継がれていった。大磯に居を構え、人びとが「大磯詣で」をするのを楽しんだかのような引退後の吉田茂は、明らかに戦前の政治家たちのライフ・スタイルを踏襲して、自らの晩年を演出したのであるし、御殿場に居を構えた岸信介も同じ系譜に自らをおこうとしたに違いない。

小川治兵衛は湘南に別荘を構える政治家たちの庭園を一手に引き受けるというような活動は行なわなかった。しかしながら、岩崎小彌太が営んだ熱海の別邸陽和洞の広大な庭園は植治が手がけている。小彌太は東京麻布鳥居坂の本邸の庭園も小川治兵衛に任せているが、植治の東京進出の先駆けは、西園寺公望の駿河台本邸であり、一九一七（大正六）年に竣工した麻布市兵衛町の住友家東京別邸の庭園などであろう。徳大寺・西園寺・住友のトライアングルは、小川治兵衛の活動範囲の拡大にとっても大きな意味をもったのである。

先に引いた『園公秘話』のなかで、安藤徳器は西園寺と住友の関係をつぎのように述べている。

「手狭でも手軽でも、駿河台は本邸とすれば本邸らしく、田中〔京都田中にある清風荘のこと〕は別荘とすれば別荘らしくも見へるが、この二ヶ所は、借りたでもなく、貰つたでもない、曖昧な関係に在る、その曖昧な所に兄弟両家の情愛が籠るのであらうが、事実を水臭く言へば、神田区南甲賀町〔駿河台邸所在地〕、及び、左京区田中関田町〔清風荘所在地〕所在の不動産は、今以て明白に住友の所有である、のみならず、其土地家屋に関する平生の雑費、留守番の給金まで、總て住友の会社が支弁して、其家屋を随時随意に、公の用に供してゐるに過ぎず、公が尋常の借家人と異る所は、借家料を払はざる尊敬すべき借家人たるに止まる、親類の家作をロハで借りる、世間有り合せの慣行だが、それが住友なり西園寺なるが故に多少の話題となるのである、公が西に東に居を移す毎に、女中料理人など三五人を随伴されるのを、物々しき大名旅行と目する者もあるが、駿河台も田中も（御殿場も同じく）公不在中は空家同然、書籍、調度、文房具をまで倉庫に収めて、住友に属する留守番が、朝夕の掃除に任ずる外には、公が家の従属は一人も居ない、余儀なく興津をからにして、日常の使用人を伴はざるを得ない楽屋のからくりを覗けば、大名旅行の、寧ろ極度の倹約旅行なる所以が首肯されよう。」

こうした住友と西園寺の関係であってみれば、住友お出入りとなった植治が西園寺家の庭に関わることになるのは当然だといえよう。安藤徳器は清風荘についてつぎの言葉を述べているが、真偽のほどはまったくわからない。

「庭園の一木一草、植治が苦心の配置は、陶庵公の綜合美に、一石一砂の布列自然を則つてゐる。植治は公の揮毫一幅を乞ふて、清風荘の庭園を築造したといふが、工成り流石は陶庵公で一金二万円也の包金を輿へられた。」

きわめて個人的な体験なのであるが、坐魚荘が移築されている博物館明治村の館長に二〇一〇（平成二二）年からなったわたくしは、当然のことながらしげしげと坐魚荘を注視する機会をもった。そこで感じたのは、意匠の見事さや全体に漂う趣味の良さとともに、銅製の雨どいなどの仕事の見事さであった。そうした銅の細工を見ると、そこには銅の精錬から発した住友家の実力と誇りがにじみ出ているのに思いいたるのであった。

付表 3-1　住友吉左衛門友純（1864-1926）および住友関連の邸宅群

鰻谷邸	1636 年	地所を構える
	1685 年	本邸を構える　東座敷（北面して玄関，8 畳 3 間，41 畳，7 畳，8 畳）　西座敷（1 階 16 室，2 階 8 室）
	1879 年	洋館竣工（初代八木甚兵衛），1894 年頃植木（高津の松井）
	1905 年	2 月 11 日，東座敷改築上棟（2 代八木甚兵衛）
	1915 年	東座敷書院を須磨別邸に移す
	1917 年	鰻谷邸を総本店の所管となす，茶室好日庵を茶臼山邸に移す
茶臼山邸	1895 年	別荘買い入れ開始（1897 年付近 7 反買い入れ，1898 年東西 4 反買い入れ）
	1900 年	3300 坪買い入れ（庭園拡張）
	1902 年	岩崎久彌より茶臼山その他買い入れ
	1903 年	茶臼山隣接地で第 5 回内国勧業博覧会
	1912 年	3 月 1 日，茶臼山邸地鎮祭
	1913 年	5 月 29 日，上棟
	1915 年	茶臼山邸竣工（野口孫市，日高胖，2 代八木甚兵衛）「慶沢園」春翠・夫人居間 114 坪　奥座敷・玄関 126 坪　書院・配膳室 152 坪　子ども部屋 37 坪　台所・詰所 200 余坪　衣装庫・什器庫（土蔵）　レンガ倉庫
	1916 年	洋館上棟
	1917 年	鰻谷邸より茶室好日庵移築
	1920 年	洋館竣工（日高胖）
	1921 年	大阪市に美術館用地として寄付
	1925 年	邸宅を住吉邸地に移建
須磨別邸	1895 年	従来からの地所に北側 2 反買い入れ
	1900 年	別邸着工（野口孫市，日高胖）
	1901 年	10 月 1 日，上棟
	1903 年	4 月下旬竣工　洋館（地下 1，2 階）161 坪　別棟（こども部屋）67 坪
	1915 年	8 月 1 日，東邸新館上棟，鰻谷邸東座敷書院を移建
舞子別邸	1917 年	7 月，垂水町山田字柏山の旧有栖川宮邸を購入　1893 年建設の建物を半洋風に改造
鹿ヶ谷別邸	1913 年	宮ノ前町 730 坪と 1 町 3 反を購入
	1914 年	年末，数寄屋（2 階）32 坪竣工
	1920 年	敷地拡張のうえ竣工（日高胖，2 代八木甚兵衛）「有芳園」
	1925 年	銅器庫設計
	1928 年	銅器庫竣工
住吉邸	1914 年	旧田辺貞吉邸（野口孫市設計）を購入（分家忠輝のため）
	1922 年	住吉村字午神前 23 の土地を分家忠輝邸として購入
	1925 年	5 月 2 日，住吉邸竣工（茶臼山邸を移す）

衣笠山麓別邸	1918年　4月23日，上棟 1920年　8月10日，竣工 関東大震災後，西園寺公望駿河台邸再建のため移建
東京控邸	※従来の控邸は神保町にあったが手放す 1898年　3月，神田区駿河台南甲賀町を購入　土地850坪　建坪200坪
東鳥居坂邸	1906年　7月，麻布区東鳥居坂の上を購入（旧大鳥圭介邸）　土地850坪　崖地200坪　和洋2階148坪
麻布別邸	1912年　麻布区市兵衛町一丁目を購入（旧因州池田仲博侯爵邸）土地3400坪 1917年　洋館竣工（日高胖）　日本館165坪　洋館64坪　付属屋70坪　総建坪452坪
目白別邸	1921年　北豊島郡高田町の土地購入　木造洋風2階　和風平屋51坪
鎌倉別邸	1925年　購入
有馬別邸	
伊豆熱海別邸	
大磯別邸	
那須別荘	1937年　竣工（佐藤秀三）木造洋風2階
俣野別邸	1939年　竣工（佐藤秀三） 2009年　焼失
西園寺公望京都別邸清風荘	1907年　清風館を徳大寺家から住友家へ　付近の土地を加え，西園寺別邸とする 1911年　8月，着工　12月，上棟 1913年　竣工（2代八木甚兵衛）　2階80坪　平屋22坪 1944年　京都大学に寄付

付表3-2　住友における営繕組織

1900年	住友本店臨時建築部設立（野口孫市・日高胖）
1911年	住友総本店営繕課に改組
1918年	住友総本店臨時木土課設置
1921年	住友合資会社工作部に改組（技師長：日高胖，技師：長谷部鋭吉・竹腰健造）
1933年	上記工作部廃止　株式会社長谷部・竹腰建築事務所設立
1936年	上記事務所個人経営に改組（38年東京事務所，40年満州事務所，42年名古屋事務所）
1944年	住友土地工務株式会社設立
1945年	日本建設産業株式会社設立
1950年	日建設計工務株式会社設立
1970年	株式会社日建設計に改称

4章　琵琶湖疏水を庭園へ

疏水流域の王国

琵琶湖疏水の水を用いる作庭が、小川治兵衛の本領であり、疏水の水を自家薬籠中のものとしたところに彼の成功の秘密があった。これは多くの人びとが指摘するところであり、まさしくそのとおりなのであるが、そうした彼の王国ともいうべき庭園群がもっともみごとに現われるのが、琵琶湖疏水が京都盆地に顔を現わす蹴上から、南禅寺を過ぎた辺りまでである。

伊集院兼常がかつて手に入れ、作庭を試みていた地所が京都の呉服商・市田弥一郎の手に渡った。これが現在対龍山荘とよばれる邸宅である。対龍山荘の地所は、昔は南禅寺の塔頭金地院の敷地の一部であったといわれる。この場所が民有地となり、一八九六（明治二九）年に伊集院の別邸となり、それを一九〇一（明治三四）年に市田が入手して翌年から手を加えはじめ、一九〇五（明治三八）年に完成を見たものだといわれる。この改造を行なったのが小川治兵衛であった。敷地は南北に長く、南

図 4-1　市田弥一郎別邸対龍山荘庭園

側から幾筋かの流れがはじまり、敷地北端に設けられた大きな池に注ぎ入る。南側の部分は流れと芝原の組み合わせによる開けた領域である。南側の部分では、水を流れとして表現する植治の手法がみごとに発揮されている（図4－1）。なかでも、流れのなかに蹲踞を据える意匠は目を引く。蹲踞を用いるために身を屈めると、人は流れにさらに近づく。そのときに植治の庭は思いもよらぬほどの広がりを感じさせる。浅い流れのわずかなせせらぎが、大河の流れと思われる程のスケールを見せるからである。流れのなかに蹲踞を据える手法を、小川治兵衛は野村徳七別邸碧雲荘などでも用いている。

それに対して北側の部分は大きな池を中心にする。池には中之島、大滝がしつらえられ、さらにその奥には水車まで備えられている。ここでは水の豊かさが表現される。水の動きと豊かさを、対照的に見せるのがここでの狙いであったろう。伊集院兼常がつくり上げていたのは、大池をもつこの北側部分であるといわれる。確かに池を中心に大きなスケールでまとめられた園池はオーソドックスな日本庭園の骨格を示していると思われ、それに対して幾筋もの流れによって構成された南側部分は、水の変化をダイナミックに表現する、いかにも植治の仕事らしく見えるからである。

対龍山荘の建物は敷地に沿って南北に長く延びる。施工は関東の棟梁・島田藤吉であった。島田は関東の高級な普請にしばしば用いられる、栂《つが》材によってこの建物をつくり上げた。いわゆる栂普請《つがぶしん》である。北側では建物が水面に乗り出すように組み上げられ、圧倒的な印象を与える。島田という名前から、一九一三（大正二）年に東京帝国大学の建築学科を卒業し、のちに島藤建設を興した島田藤の存在が思い浮かぶ。島田藤吉は島田藤の父である。

矢ヶ崎善太郎の研究によれば、島田藤吉は一八四八（嘉永元年）年に生まれ、一八六七（慶応三）年に江戸に出て、そこで仕事をするうち、日本橋に進出する市田弥一郎が入手した榎本家の建物の修復を手がけたことから市田と知り合うようになり、京都での普請の依頼につながったという。棟梁・島田藤吉から島田藤へと代を重ね、一九三二（昭和七）年に島藤株式会社、一九四六（昭和二一）年に島藤建設株式会社、一九五六（昭和三一）年に島藤建設工業株式会社となり、一九八七（昭和六二）年に戸田建設に統合されるのがこの会社の流れである。

対龍山荘という名は、南禅寺の山号が瑞龍山であることによるといわれる。瑞龍山に対峙するという意味で対龍山荘の名がつけられたのである。したがって建物の中心をなす書院は対龍台と名づけられている。正面から京都の名刹南禅寺に対峙しようとする名称である。その意気込みにふさわしい大きな広がりをもつ別荘といえよう。市田弥一郎は彦根の商家の三男に生まれ、才能を見込まれて市田家の養子に入り、呉服の行商から出発して維新後の一八七四（明治七）年には、東京日本橋に京呉服の卸問屋を構えるまでになったという、立志伝中の人物である。京都の伝統的呉服商の近代化に成功した実業家といえよう。

対龍山荘は市田弥一郎の私的な別邸であるとともに、そのビジネス商品である呉服を示し、顧客に深く印象づける舞台装置でもあったのではないか。小川治兵衛の大庭園は、そうしたビジネスとも結びついている。庭園に近代性が宿る所以である。単なる庭師でなく、総合的なプロデューサーの視点をもって、彼は庭園の構成をまとめあげ、その効果的な使い方を演出したのである。いたずらに象徴主義的な構成を墨守せず、広々と開ける快活な自然主義的庭園を彼が求めたのは、時代が要求する庭園の本質を植治が見通していたからである。

そうした庭園をプロデュースする庭師を、日本の近代化を進めるさまざまな施主たちが求めたのだった。施主との会話を巧みにこなしたと評され、「円転滑脱」と伝えられた植治の性格は、彼が時代を吹き抜ける風の意味を知悉していたところに生じたものである。

対龍山荘は、大きな池を中心にした北側部分と、流れを主とした南側部分で、水系が異なるという。南北に長い敷地であるから、いくつかの取水口を設けて水を取り入れることは自然であろう。そして

図 4-2　稲畑勝太郎別邸和楽庵

取水の系統の違いは、疏水からの水の取り入れ方の系統の違いである。対龍山荘の立地は琵琶湖疏水が京都盆地に顔を出す地点に一番近く、ここから疏水を庭園に引き入れる取水システムがはじまってゆくと考えられるのである。小川治兵衛はこの山荘から南禅寺下の地域に連続的に大庭園をつくりあげてゆく。それらの庭園群は、いずれも琵琶湖疏水分流の水を取り入れ、それを庭園内に巡らせてから白川に流し去るというシステムによって成立している。この整然たる水の流し方こそ、琵琶湖疏水の水利システムを知り尽くした小川治兵衛の才能の現われであった。文字通り、ここには琵琶湖疏水流域に成立した小川治兵衛の王国が見出せるのである。

対龍山荘に連なる場所に営まれたもうひとつの大別荘が、稲畑勝太郎の別邸和楽庵であった（図4－2）。和楽庵は和楽園とも記されることがあり、いずれの名称も用いられていたと思われる。この別邸は稲畑没後、伏見の酒造家であり、宝酒造の経営者として知られる大宮庫吉が入手して、その名を何有荘と改め、その後も所有者を変えながら現在にいたっている。したがって今では何有荘という名が一般的であるけれど、ここではまず別荘形成の背景を見てゆきたいので、稲畑別邸和楽庵として記述を進めてゆくこととしたい。

稲畑勝太郎は維新後の京都が生んだ、新しいタイプの企業家である。彼は一六歳でフランスに渡り、リヨンのヴルフランシュ工業学校予備校に学び、同地のジャン・マルナスの染工場で染色法の実習を体験し、さらにリヨン大学で応用化学も聴講した。

こうして彼は、近代の化学工業の代表的分野として成長しつづけていた近代的染色技術を習得して、その導入に成功したのである。とりわけ陸軍の軍服に必要であったカーキ色の染色技術は稲畑勝太郎がわが国にもたらしたものである。稲畑は、繊維産業に関連する実業家であるものの、京の老舗の呉服商というより、先端産業の起業家であった。この点で稲畑の和楽庵と市田弥一郎の対龍山荘は、革新と伝統という対極をなす施主によって営まれた別邸といえよう。

稲畑勝太郎がこの土地を入手したのは一九〇五（明治三八）年だという。隣り合う対龍山荘と同じく、この土地ももともとは南禅寺の塔頭の一部だった。この敷地の造園はそれ以後大正時代にかけて行なわれ、明治末年に和風の書院建築が建設され、一九一六（大正五）年には武田五一の設計による洋館が建設された。

先にも述べたように、和楽庵は稲畑勝太郎没後、大宮庫吉の所有となり、さらに手が加えられたといわれるので、現在残されている洋館がすべてオリジナルの意匠であるかどうかははっきりしないが、少なくともいま目にする洋館のデザインはきわめて瀟洒で洒落たものである。それは日本にアーツアンドクラフツ運動のデザインをもたらした武田五一の意匠感覚を示すものであるように思われるし、明治期においてもっとも国際的な実業家であった稲畑の好みを反映したものであるようにも思われる。

実際、絨毯を敷き、洋家具を置いた応接間に、伝統的な屏風を置いたり、掛け軸を飾れる床の間のような飾り棚を設けたり、和風のモチーフを散らしたステンドグラス（図4—3）を配したりする手法は、武田五一のスタイルとも、稲畑勝太郎のスタイルであるともいえるものであった。

図4-3　和楽庵洋館のステンドグラス

日本には珍しいフランス派の実業家として、稲畑勝太郎は京都日仏学館の建設や、日仏文化・学術交流に尽力した。彼の和楽庵は、そうした京都における国際交流の場、民間外交の舞台としてさまざまに用いられる。例えば一九一六（大正五）年に和楽庵に招待された、当時の仏領インドシナのルーム総督は、稲畑勝太郎の歓迎の辞に対して、つぎのように述べて答礼としている。

「京都は山水明媚の都であると豫ねて聞いてゐたが、今日親しく京都に来て、此の風景に富んだ静寂閑雅の庭園のある稲畑氏の別荘に於て、斯くも盛大なる歓迎を受け……」

また一九二〇（大正九）年に和楽庵を訪れたルーマニア皇太子カルロ殿下は、この園内につくられている数十メートルの長さのトンネルに、「義士窟」と命名している。トンネルというのは将来戦争が航空機時代を見据えて、空襲が起きる場合に備えて一種の防空壕として稲畑が庭内に設けたもので、その趣旨をくんで皇太子がルーマニアの故事を踏まえて命名したのだという。入り口にはその由来をルーマニア語によって記した銘板が付けられたというが、現存するのであろうか。

稲畑勝太郎はこの年五月に友人、柴田忠克に依頼してまとめた『和楽園記』に、このルーマニア皇太子と義士窟のエピソードを書き入れさせている。

和楽庵のトンネル自体は現存するが、いまでは欧州のバロック庭園などにしばしばみられるグロット（洞窟）と思われる雰囲気を漂わせている（図4―4）。和楽庵が国際親善の舞台として盛んに用いられたことに見られるように、この庭園は広い芝原をもち、洋風の園遊会の場として用いることができる折衷性を備えているように思われる。この庭園には変化に富んだ苑路が巡らされ、さまざまな点景建築にも事欠かない（図4―5）。伝統的和風庭園に洞窟が設けられることは少ないが、グロットを思わせる洞窟を取り入れる度量の広さを備えている点が、この別邸に長い命をもたらしている理由であろう。

和楽庵を巡るエピソードには、西園寺公望も登場する。一九一六（大正五）年一一月にここに招かれた西園寺は、園内の滝に命名することを乞われ、はじめ「和楽の瀑布」と命名したものの、やがて

図 4-4　和楽庵トンネル入口

図 4-5　和楽庵庭園

気を変えて「瑞龍瀧」と命名し直した。この名称は南禅寺の山号、瑞龍山に因むものであろう。和楽庵と目と鼻の先に無隣庵を構えていた山県有朋とも、稲畑勝太郎は庭園を通じて交遊があったことが知られ、南禅寺近傍の有力者たちのサークルが形成されていたことが窺われるのである。稲畑は華やかな社交の場として和楽庵を用い、多くの人びとを招いた。

一九〇九（明治四二）年、疏水の水を引いた邸宅を藤田小太郎がこの地に営む。藤田小太郎は藤田伝三郎、久原庄三郎の甥に当たる人物で、鮎川義介に資金を提供して事業を興させるなど、藤田・久原財閥のなかに在って実業家として活動した。藤田伝三郎は琵琶湖疏水の工事を請け負うなど、疏水に深くかかわっていたし、山県有朋の無隣庵の造営に久原が奔走するなど、藤田・久原兄弟は山県を囲む政商でもあった。彼らの甥である藤田小太郎が琵琶湖疏水の水を引く邸宅を構えることはごく自然であったといえよう。そして庭園は、ごく自然に小川治兵衛にゆだねられた。

藤田小太郎の庭園に、植治は琵琶湖を模した池をもうけた。疏水からは、毎秒四リットルの水がこの庭園に流れ込んでいる。疏水の取り入れ口の位置と地形の関係で、方位こそずれているものの、池の形状は琵琶湖らしくつくられており、瀬田の唐橋を模したという沢渡り、竹生島に見立てた小島などが見られる。植治はこの頃出版されていた滋賀の地図を参考にして、池のかたちを決めていったという。伝統的な名所の見立てを庭園内に作り込む手法と、いかにも近代らしい科学的地理情報の応用を融合させた庭というべきか。

庭園の奥には画仙堂と呼ばれる中国風の小亭が建てられ、その宝形の屋根の頂部には、羽をすぼめた鳳凰が置かれている。この鳳凰は、池の中央に設けられた臥龍橋に対応した造形だという。臥龍橋は長尺の切石と石臼を組み合わせた構成によってできており、平安神宮の中神苑の蒼龍池に架けられた臥龍橋を明らかに意識したものとなっている。平安神宮では三条大橋と五条大橋の石柱を用いていたが、ここではそれが放射状の溝をもった石臼に置き換えられているのである。そしてこの臥龍橋は東神苑の栖鳳池に架かる橋殿の屋根に置かれた鳳凰に呼応しているのである。

藤田小太郎の庭園では、平安神宮神苑でのこころみが、琵琶湖の実景を模した構成のなかに再現されている。この発想は、屋根に鳳凰を戴く中国風の画仙堂がここに置かれたところから生じたものであろう。画仙堂は石川丈山が営んだ詩仙堂、高台寺にあるという歌仙堂と並んで、詩趣溢れる世界をつくっているという。しかしながら、画仙、詩仙、歌仙とならべて四阿を位置づける趣向、あまりに細かく地理上の琵琶湖を意識した作庭は、小川治兵衛の庭の絵解きに近く、深みや思想がないという批判を生むもとになったかもしれない。

画仙堂に並ぶ位置に樅の高木が立ち、この木のすがたを眺め、その高い梢に日が当たるのを見るとき、庭園はその境界を越えて高原のような広がりを感じさせる。植治が無隣庵以来自家薬籠中のものにしたという樅の使い方がここにも見出せるようである。禅宗庭園のような象徴主義的な庭園を脱して、おおらかな自然主義的を植治が生み出していると思われるのは、こうしたところである。だが、植治の樹木の用い方で特徴的なのは、伏見城の遺構といわれる不明門と名づけられた華やかな門近く、庭園の南西隅に聳える広葉杉という樅に似た葉の樹木だという。これはしばしば鬼門近くに植えられたという。

庭園は戦後、藤田小太郎の手を離れ、郵政省関連の共済組合の施設となり、さらに日本調剤の所有となって、洛翠という名の庭園として維持されている。庭園に面していた邸宅は郵政時代に鉄筋コンクリート造に建て替えられているものの、庭園の構成の大局はよく残されていると見てよいであろう。洛翠に隣り合って、松下幸之助の所有した時期のある真々庵があり、近くには細川家の怡園、そして織物で知られる龍村が所有していた織宝苑など、植治の手がけた大庭園がならぶ。小川治兵衛の庭園世界はこうして華やかに疏水流域に広がり、日本の支配層を包摂する一大王国の観を呈するにいたる。いくつかの庭園はその所有者を変えながらも、現代にいたるまで維持されつづけているものが多いことは、大いに評価されるべきであろう。これは植治の庭園の魅力が失せることなく、それぞれの時代の人びとに訴えかけるからであろう。庭園の所有者は替わっても、維持できるものが庭園をもち、結果として大庭園群の並ぶ近代京都の景観が広がりつづけているのである。

昭和の御大典

一九六四（昭和三九）年の東京オリンピックと一九七〇（昭和四五）年の大阪万博が戦後日本の国家的祝祭であったように、戦前日本において天皇即位の御大典の儀式は、直接的参加が支配層の世界に限定される儀式とはいえ、国家の行なうもっとも大きな祝祭であった。しかも、戦前の日本においては、国家の祭典というものが支配層の世界にしか成立しなかったことを考えるなら、御大典の儀式は唯一絶対的な国家の祝祭であった。

天皇即位の儀式である大嘗祭を大礼あるいは大典というわけであるが、大正と昭和の天皇即位の大典は、近代国家としての体裁を天皇制のもとで整えてゆく、きわめて重要な式典であった。御大典に際しては、多くの人びとが京都に集まり、式典に列席することとなった。大正の御大典では参列者は一八〇〇人と予定されており、そのための宿舎が問題となった。とりわけ皇族の宿舎については、京都に本邸や別邸をもつ宮家以外のためには、京都の大邸宅が割り当てられることとなった。そうした邸宅のなかには、小川治兵衛の手によって庭園が造られたものも数多く含まれることになった。東伏見宮が市田弥一郎別邸対龍山荘を宿舎としたのはその一例である。

また御大典を機に、行事に参列するために上洛する皇族や有力者たちを迎え入れるために、邸宅や庭園の大改修を行なう例も見られた。これは将軍など、貴顕のお成りを迎えるためにお成り御殿を造営するという、近代以前からの日本の伝統を受け継いだものといえるであろう。しかし同時に、こうしたお成り御殿造営の行為のなかに近代化の進行をひとびとに印象づける行為も、明治以来しばしば認められた。例えば函館の公会堂は、皇太子の行啓を迎えるために大改修が行なわれて現在見られるすがたに整備されているし、そもそも天皇や皇族の行幸や行啓は、新しい明治政府の体制を地方に実感させるためのキャンペーンでもあった。こうした機会に地方の迎賓館が整備されるのは、それぞれの地方に明治体制のすがたを目に見えるかたちで印象づける行為であった。それぞれの迎賓館は、各地方における鹿鳴館のような役割を果たした。すなわち文明開化の可視的な象徴である。

近世以来のお成り御殿造営の伝統が、文明開化の時代になって、新しい役割をもつ事業に転化したのである。日本各地への行幸や行啓は、文明開化を地方に知らしめる仕事でもあった。それに対して大正と昭和の御大典は、これまでの都である京都において、明治体制持続を確認、誇示するキャンペーンであった。それを契機として京都に新たな迎賓施設が整備され皇族や貴顕紳士が蝟集する。これは皇族の行幸や行啓を機に、洋風迎賓館が「地方の鹿鳴館」として各地に建設されるケースと、方向こそ違え、おなじ性質の造営だといえよう。皇族の地方巡幸が明治体制の確立を各地方に誇示するのに対して、御大典はそうした体制がもとの都においても、求心力を失わずに強化されて存続しつづけていることを示すものであったからである。

昭和の御大典に際しても、多くの邸宅が皇族の宿舎として提供された。そしてそこに、小川治兵衛の庭園をもつ邸宅が用いられた例が見られる。秩父宮の宿舎として鹿ヶ谷の住友家別邸が用いられたのはその一例であるが、皇后の実家である久邇宮家の宿舎となった野村徳七別邸は、御大典を契機として整備じたいが完成した典型的な例といえるであろう。そしてこの庭園は、小川治兵衛が南禅寺近傍につくりあげていった大庭園の集大成というべきものでもあった。

野村徳七の別邸は南禅寺に近く、規模雄大で、現在もなお植治の庭園の最高峰というべき存在でありつづけている。この別邸は碧雲荘という。

碧雲荘を営んだ野村徳七は、現在の野村証券グループを築き上げた実業家であり、一代にして近代的金融証券企業を育て上げた成功者であった。また彼は得庵と号し、茶の湯、美術品蒐集、能楽など多趣味な世界に生きた数寄者でもあった。

野村徳七の伝記によれば、彼が碧雲荘の土地を登記したのは一九一七(大正六)年のことであったが、ここに目をつけたのはその二、三年前からだという。当時は地所の大半は畑であったというが、ここを大庭園とすべく小川治兵衛に工を起こさせた。地所は約七〇〇〇坪、そのうち庭園は約三〇〇〇坪といわれるが、南禅寺近傍の大庭園のなかでも随一の広さと壮大さをもつ世界が出現することになった。工事は長い年月をかけて進められたが、一九二八(昭和三)年にようやくその完成を見た。この年に庭園が完成したのには訳があるという。伝記はつぎのように伝える。

「昭和三年に完成された特別な事情といふのは、この年昭和の大典が京都皇居に於て行はれるに当り、この碧雲荘は選ばれて、故久邇宮邦彦王の御宿泊所に当てられることとなつたためであり、得庵翁としては、当時の大実業家とはいへ、この光栄を感激せざるを得なかつたことはいふまでもない。この光栄に浴したからには、当然碧雲荘の完成を急ぎ、この好機を逸せぬ様、工事を督励し、人夫を増加して、いよいよ昭和三年に完成を見るに至つたのであつた。」

ここで小川治兵衛は、息子の保太郎(白楊)との共同で作庭を行なったという。治兵衛が施主の野村得庵と喧嘩になり、息子に任せて自らは背後に退いたのだという話が残されており、白楊を世に出すために華をもたせたのだという説もあるが、できあがったものはゆったりとした雄大な景色を備えた大庭園であった。得庵の茶の湯は藪内流で、藪内節庵に師事していた。庭園に見られる茶道の趣向は藪内流によるものという。

さまざまな思いを盛り込んだ庭園と屋敷は、昭和の御大典を迎えるために、大玄関（図4－6）、舞台、大書院などがつぎつぎと完成されたという。建物は数寄屋棟梁・北村捨次郎の手になるものであった。ここに設けられた舞台というのは能舞台で、大玄関と背中合わせになったかたちで設けられている。ここで演ぜられる能を、客は大書院の側から楽しむのである。野村得庵は能を観世左近に習っていたので、無論この舞台は自らの晴れ姿を披露する場なのであった。いまも、この私的能舞台には、勧進帳を舞う野村徳七の姿を刻んだ木彫が置かれている。

広大な敷地は東西に広がっており、東側の永観堂に向かう道に面して、豪壮な一枚板を扉とした表門が構えられる。反対側の西門は、整然たる前庭をもった端正な構えを見せる。庭の中心をなすのは大池である。西側に建つ待月軒という四阿から見る池は、広く奥深く、満々と水をたたえている（図4－7）。池の彼方には東山の連峰が連なり、その左手に永観堂の塔が絶妙にすがたを現わす。借景の手法をこのように取り入れて、広大な庭園にさらなる広がりを与えていることが、碧雲荘の魅力である。

池には船を舫った建物がある。舟は蘆葉舟と名づけられた茶室である（図4－8）。この茶室は主客を乗せたまま池のなかへと乗り出してゆくことができる。平安貴族の竜頭鷁首の舟遊びと、中世の茶

図 4-6　野村徳七別邸碧雲荘大玄関

図 4-7　碧雲荘庭園

図 4-8　碧雲荘茶室「蘆葉舟」

の湯の侘びた風情を組み合わせた趣味なのではなかろうか。この舟に揺られて茶の湯を楽しむ間は、あらゆる俗塵が払い去られることであろう。

しかしながらこの蘆葉舟を見ていると、この船上で主客は、誰にも聞かれずに重要なビジネスの会話をしていたのではないかという気にもなってしまう。池の中央は誰も近づけぬ、ある種の聖域なのである。竜頭鷁首のみやびなのか、侘びた茶の湯趣味なのか、それともハードなビジネスマインドの発露なのか、にわかには判断がつき難い複雑さがこの庭園には漂っている。

ビジネスにまつわるエピソードとしては、また別の話がある。迎仙橋という石橋のうえでの会話は、すぐ脇の滝の音にかき消されて誰にも聞かれずに済むので、密談の場に用いられたという話があるのだ。これもいかにも本当らしい話である。植治はこの橋に反対で、数寄の庭にはこうした石造のしっかりした橋はふさわしくないといい、野村得庵と意見が対立したという。石橋にこだわったのが得庵だとすれば、ビジネスの場を必要とした施主と、侘びた数寄の庭にこだわる庭師との対立として解釈が落ち着くが、できすぎた話であり、庭園にまつわる伝説のひとつと考えておいた方がよいであろう。迎仙橋にはみやびな源氏香のモチーフが彫られているが、みやびであると同時に現実的でもあるところが、この庭園のいたるところに窺われる意匠であるように思われてならない。源氏香のモチーフは大玄関にも現われる。

また、この庭園には多くの茶室が設けられるとともに、考古学上の資料ともなる重要な石造物が数多く配されていることでも知られる。飛鳥の酒造り石など、どのような経緯を経てここにいたったのか、興味をひかれる品も多い。流れの中に据えられた蹲踞は朝鮮半島由来の品といわれ、白い肌が美しい。ここでも水を使うために身をかがめると、流れが眼前に近づいて大河の風情となり、遠く大池が大海となって眺められる。

昭和の御大典を機に完成された碧雲荘は、久邇宮を招じ入れた大書院を中心に、華やかな昭和期のデザインを見せている。照明器具、襖絵などには、明治期の硬さはなく、流麗といってよいしなやかな美しさがある。稲畑勝太郎の和楽庵の建物を設計した武田五一のデザインには、すでにアール・ヌーヴォーを感じさせる流れるような曲線美があったが、碧雲荘大書院にはそうした装飾の感覚が和風御殿の世界にまで広く根付いたことを感じさせるところがある。

小川治兵衛も、この庭園においては息子白楊を用いながら、いたずらに象徴趣味に走らず、広大で雄大、しかも実業家の社交に相応しい現実味をも備えた豪壮な庭園を実現した。白楊の発想なのか、日月を示すかのような円盤状の石なども見られ、わかりやすさと、俗に堕ちかねない危うさもここには現れている。しかしながら流れとしての水と、広がりとしての水を共に表現し得た碧雲荘は、昭和の御大典を祝賀する表現として、ひとつの時代精神の造型たり得ている。植治の庭園の特徴である開かれた自然主義の庭園の頂点がここに見られるといってよいであろう。

琵琶湖疏水の水を用いる作庭が、小川治兵衛の本領であり、疏水の水を自家薬籠中のものとしたのが彼であった。疏水の水が白川に落ちる間に設けられた庭園の連なりこそ、京都の近代が生み出した新しい景観であった。南禅寺にもっとも近い位置に構えられたのが碧雲荘であり、おなじ水系上に隣り合いながら成立するのが、これまで見てきたように、鹿ヶ谷に位置する住友家の有芳園、下郷伝平の清流亭、細川家の怡園、織宝苑、そして洛翠などであり、一番遠くに位置するのが西園寺公望の清風荘である。

南禅寺近傍に小川治兵衛が営々として築きあげてきた庭園群は、この野村徳七別邸碧雲荘をその大団円として、こうして完成してゆくのである。昭和の御大典は、都が東京に移っても、節目となる祝祭は京都で行なわれるのだということをひとびとに実感させるできごとであった。千年の都は昭和になっても都であり続けたと、京都のひとびとは誇りに思った。その誇らしさを豪壮に演出してくれたのが、円熟期を迎えた植治の大ぶりな庭園なのであった。迎仙橋を巡る意見の対立から、碧雲荘の仕上げを植治は息子の白楊に委ねたとも伝えられるが、やはりこの豪壮な庭園の構成は、大局的には七代目小川治兵衛の円熟期の仕事と考えてよいであろう。庭園とは画家や彫刻家がつくり出す作品ではなく、統率者のもと、職人集団がひとつの工房として生み出すものだからである。

御陵への道

伏見桃山御陵（図4−9）の整備に小川治兵衛が参加したことは、彼の経歴のなかに誇らしげに書かれている。明治から大正への改元の時期、山根徳太郎編『小川治兵衛』に掲げられた彼の年譜はつぎのように記す。

一九一二（大正元）年　御大典御挙行につき京都御所御苑内改造工事、桂離宮、修学院離宮、二条離宮御修築工事拝命、この年以後連年宮内省御庭苑工事拝命

一九一三（大正二）年　伏見桃山御陵御用拝命

一九一四（大正三）年　悠紀主基両殿柴垣、其他周囲の築庭拝命

一九一五（大正四）年　伏見桃山東陵御築造御用拝命

図4-9　伏見桃山御陵

図 4-10　伏見桃山御陵参道

念のために記しておくなら、伏見桃山御陵は明治天皇陵、伏見桃山東御陵は明治天皇妃である昭憲皇太后陵である。植治は文字通り明治国家の意匠を仕上げているのである。

しかしながらそのことは、植治が皇室の意匠をつくり出したというようなことを意味するわけではない。皇室の意匠には、特有の感覚が見て取れるように思われる。木立のなかを緩やかにうねりながら進む玉砂利の道、木立と砂利の対比は清浄で厳かな意匠を生み出す。そして疎らな松林の風情も、皇室的意匠にしばしば現われるものである。玉砂利、木立、疎らな松林という意匠は、皇居前広場、伊勢神宮への苑路、そして伏見桃山御陵の道（図4―10）などに共通して見いだされるし、各地に残されている小規模な御陵地などの整備においても採用されている。

しかしながら清浄で厳かな皇室的意匠は、驚くほどに近代的な美意識に溢れていないだろうか。それは、皇室的意匠がアルカイックな神さびたものというより、むしろ近代の産物だからではないか。

江戸時代最後の天皇である孝明天皇陵は、後月輪東山陵とよばれる。

東山区泉涌寺山内町、すなわち京都の南東部に位置する泉涌寺に接するところにこの御陵はある（図4―11）。泉涌寺自体、「御寺」とよばれ、江戸時代の天皇の墓所をもつ寺として知られる。孝明天皇陵はそれまでの天皇陵に比べれば大きく、独立した二段重ねの円丘形式をもつ。幕末に盛り上がりを見せはじめた尊王思想の結果、陵墓形式にも復古意識がもたらされた結果という。それまで泉涌寺境内に祀られた天皇墓はいわゆる古墳のような形式をもつものではなく、御陵、御灰塚などのほか、天皇は九重石塔、皇妃は無縫石塔、親王墓は宝篋印塔というものが多い。近世の天皇墓はまことに質素である。

図4-11　孝明天皇陵

それでも泉涌寺は歴代の天皇の墓所を守りつづけてきた場所であった。孝明天皇は一八六五（慶応元年）年に「四條帝已来御代々御陵守護の官寺、皇祖御尊敬の譯を以て諸宗の上席為可し」との詔書を発したといわれ、それによって以後、泉涌寺は「御寺」とよばれるようになったのである。孝明天皇が尊王・復古・維新への道の過渡期を生きたことが感じられるではないか。

この孝明天皇陵である後月輪東山陵に詣でるなら、ひとは歴史の過渡期を目に見えるかたちで体験することであろう。先にも述べたとおり後月輪東山陵は二重円丘形式をもつ。とはいえ、完全に独立した円丘ではなく山腹から張り出したようなかたちの円丘なので、そのすがたをはっきりと見出すことはむずかしい。参道をたどり、かすかに陵墓の頂を望むというのが参拝の実態となる。独立した形式を獲得したとはいえ、古代の天皇陵に比べても、そして以後の近代天皇陵に比べても、ささやかな規模であり形式であるよう思われてしまうのだ。しかしながら、仏教色のつよい近世の皇族墓所に比べるならば、独立した陵墓となったことだけでも、大いなる発展といえるのであろう。まさに過渡的段階にあるのが孝明天皇陵、後月輪東山陵である。

しかしながらこの山陵への道をたどると、途中から極めて精緻な細工を施された参道が現われることに気づく。それは後月輪東北陵へといたる道である。後月輪東北陵は孝明天皇妃であった英照皇太后陵である。参道の両脇を固める側溝は、みごとな加工を施された石材によってつくられている。これはかなりの年月を経たにもかかわらず、現在もなお圧倒的な存在感をもっている。

近世以来、石垣などの加工技術は長足の進歩を遂げたが、明治になってからの石造加工技術は、また、特有の表情をもつように思う。明治以降の屋敷地を囲う石塀や石垣の部材加工には、まるで縮緬の座布団を重ねたような繊細で緻密な柔らかさが見られるのである。後月輪東北陵への参道に見られる石の技術には、明治になってから発展した技術の香りが横溢している。

幕末に亡くなった孝明天皇とは異なり、英照皇太后は一八九七（明治三〇）年まで生きた。薨じたのはこの年、一月一一日である。九条尚忠の娘として一八三五（天保五）年に生まれ、孝明天皇の女御となり明治天皇の嫡母となった彼女は、明治時代になるとともに皇太后に冊立され、一八七二（明治五）年以降は東京に住んだ。その住まいは現在の赤坂御料地内の南西部、いまの青山一丁目交差点に近い辺りであった。ここは青山御所あるいは大宮御所とよばれた。同じ敷地の北東部にあった旧紀州徳川家中屋敷が皇居仮宮殿に使われていた時代には、御料地内の道を使って明治天皇がしばしば大宮御所に通われたという。

没後、英照皇太后の名を贈られ、京都泉涌寺に隣り合う孝明天皇陵に接して御陵が築かれたときには、明治体制は固まり、陵墓修築についても十分な資金・技術が傾注されたのである。後月輪東山陵から後月輪東北陵へと巡拝するなら、明治体制の整備過程が文字通り目に見えるかたちで体感されるのである。

この間の泉涌寺への皇室からの御下賜金の推移を見てみると、一八七六（明治九）年に尊牌、尊儀奉護料として永続年金一二〇〇円が下賜されることになり、これは一八七九（明治一二）年九月に一八〇〇円、一九一二（明治四五）年五月に四二〇〇円へと増額されつづけている。

孝明天皇陵から英照皇太后陵にいたる時間のなかに、復古した新しい皇室の意匠確立の道筋が潜んでいる。高木博志が述べるように、「一八九七（明治三〇）年英照皇太后の葬儀は、神道式の近代皇室の葬儀ができあがる画期とされる」。その過程で、近代的で、清浄で厳かな皇室のデザインが整備されてゆくのである。事実、英照皇太后が亡くなった翌年、一八九八（明治三一）年に没した山階宮晃親王の場合、本人は「真言宗勧修寺之例」による仏式で葬儀が行なわれることを望んだにもかかわらず、宮内大臣・田中光顕は枢密顧問官に諮問して、「維新以後皇室葬祭ノ典礼ハ一ニ古式ニ拠ラシメ」

るべきだという答申を得て、「神祇式」の葬儀を行なっている。

山階宮晃親王は、もともと伏見宮家に生まれ、維新前には勧修寺門室として僧侶の生活を送っていた人であるから、維新によって還俗して新しい宮家を創設することになったにせよ、死ぬときにはもとの僧侶に戻りたかったのかもしれない。だが、国家としての日本は、皇室の葬祭を神道と定めていた。すでに一八六八（慶応四）年の孝明天皇の三回忌として、はじめて紫宸殿で神式の追悼の儀式が行なわれていたし、一八七一（明治四）年には皇室の神仏分離がなされ、それまでの宮中のお黒戸の仏壇に替わって、宮中三殿のひとつである皇霊殿に先祖が祀られるようになる。

もっとも、「神道式の近代皇室の葬儀」は公式見解に属するものであったようで、実態として、あるいは私的世界においては、仏教儀礼が払拭されたわけではなかった。山階宮の葬儀の場合も、内々には仏式の儀礼がなされたという。清浄で厳かな近代的皇室の意匠は、あくまでも表向きの近代国家の意匠として生成されていったのである。その担当は宮内庁の内匠寮、御料局、内苑局などに所属した技師や技手たちであった。一八四五（弘化二）年に生まれ、一八六九（明治二）年に宮内省に入り、一九〇四（明治三七）年に内苑局技師に進み、一九一一（明治四四）年に退官する小平義近は、皇室のランドスケープ・デザインを確立してゆくパイオニアであった。開放的な芝原を用いた和洋折衷の意匠は、彼が導入したものといわれる。

一八九三（明治二六）年に宮内省御料局に入省し、小平の指導のもと、多くの皇室関係の庭園や整備事業に関わったのが市川之雄である。一八九六（明治二九）年同局技手、一八九八（明治三一）年内匠寮技手となり、一八九九（明治三二）年からフランスに出張してヨーロッパの庭園を学び、一九〇四（明治三七）年に内苑局技師となる市川は、その長い経歴を通じて実質的に明治の皇室の意匠を支えた。

明治中期の宮内省には小平義近、市川之雄のほか、新宿御苑を支え、福羽イチゴなど園芸品種の改良でも知られた福羽逸人、また若手として折下吉延が所属していたし、大正期にはイギリスのキュー王立植物園に学んだ岡見義男、福羽発三、椎原兵市、木村靖らが所属していた。事実、宮内省は園芸や造園の先端的中心だったのである。彼らは欧米のランドスケープに通じ、新しいデザインをこなす能力と意欲に満ちており、皇室の意匠を神仏混淆の近世的混沌から救い出していった。そして神仏分離のイデオロギーにふさわしい、清浄で厳かな皇室の意匠を確立していったのである。皇室の復古的性格を、近代化をめざす国家のなかで選出するという難事業を可能にしたものは、彼らの西欧の手法に通じた先進的知識であり、近代的な意識であった。宮内省御陵局、内苑局の技師・技手たちはもっとも西欧に通じた技術者たちであったが故に、復古の意匠を近代的に演出して実現するというアンヴィバレンツを行ない得たのであった。

明治年間を通じて、宮内省内苑局の技師たちが取り組んでいた仕事のなかに、伊勢神宮に関連するものがある。

一八九一（明治二四）年　神宮農学館

一九〇一（明治三四）年　同増築

一九〇九（明治四二）年　神宮徴古館

これらの施設は伊勢神宮に付属する施設であり、洋風の明治建築である。これらの建築は伊勢の近代を示す興味深い場所である。ここには建物に付随する西洋風造園が施工されており、日本における西洋型ランドスケープ・デザインの先駆作なのである。

伊勢神宮の参道もまた、新しい意匠によって整備された。内宮の参道は七五〇メートルほど、外宮の参道はその約半分であるが、ともに玉砂利が敷き詰められている。これ以外の裏参道、別宮への道にも玉砂利は敷き詰められており、そこを踏みしめる感覚と音の響きは、神社の本質とすら感じられている。しかも砂利は川からのものが使われるという。こうした意匠を整備していったのが宮内省の技師たちだった。内宮・外宮ともに、斎館にいたる参道は洋風の構成になっており、バロック的とすらいえるレイアウトを見せている（図4—12）。和の極みと考えられる伊勢神宮の宮域には、小平義近、市川之雄らによる、当時最新の洋風庭園技法が用いられることによって、清浄で厳かな意匠が生み出されているのである。

天皇陵を造営する仕事も、無論彼らに課されていた。組織的には内匠寮の長である内匠頭が総責任者であるが、造園の分野は彼らが担当する。海外の知識にも通じていた彼らが作り上げていった意匠が、清浄で厳かな玉砂利であり、木立であった。

宮内省とその後身である宮内庁によって修築された御陵はつぎの通りである。

一八九七（明治三〇）年一二月　後月輪東北陵（英照皇太后陵）
一九一三（大正二）年七月　伏見桃山御陵（明治天皇陵）
一九一五（大正四）年五月　伏見桃山東御陵（昭憲皇太后陵）
一九二七（昭和二）年一二月　多摩陵（大正天皇陵）
一九五二（昭和二七）年五月　多摩東陵（貞明皇后陵）
一九九〇（平成二）年一月　武蔵野陵（昭和天皇陵）
二〇〇一（平成一三）年六月　武蔵野東陵（香淳皇后陵）

御陵の修築は限られた機会に行なわれるものであるが、それだけに意匠には細心の注意が傾けられる。後月輪東北陵から伏見桃山御陵にいたる修築事業は、近代皇室の意匠を最終的に仕上げるという意味をもっていた。

孝明天皇陵の円丘形式から、伏見桃山御陵の上円下方形式への整備は、その帰結のひとつであった。以後の御陵はみな、上円下方の形式となる。伏見桃山御陵修築には旧東宮御所・赤坂離宮、神宮徴古館、奈良と京都の帝室博物館を設計した建築家、片山東熊が内匠頭として関わっていたし、市川之雄をはじめとする多くの造園技師たちが参加していた。

図 4-12　伊勢神宮内宮参道

その後、皇室の陵墓が法令によって定義され、制度化されるのは、一九二六（昭和元）年の皇室陵墓令による。このとき同時に、皇室喪儀礼も公布されている。そしてこれらの法令の公布後二ヶ月目に大正天皇が没している。皇室陵墓令には、陵のかたちを第五条で「上円下方又ハ円丘」と定められ、第二一条で陵墓を設ける場所を「東京府及之ニ隣接スル県ニ存ル御料地内」と定められていた。これによって以後の天皇・皇后陵は多摩、武蔵野という場所に定まってくるのである。伏見桃山御陵は、奈良京都の地域に設けられてきた天皇陵の伝統の最後をなす存在となった。そこに、近世から近代への過渡期の意匠が現われることは、ある種必然であったのであろう。

図 4-13　伏見桃山御陵松林

「伏見桃山御陵御用拝命」というかたちで、近代化への道を歩み始めた皇室の意匠を確立するという国家事業に参加した小川治兵衛は、そうした国家を代表する技師たちの下で、実務にたずさわる現場の職人ということになろう。小川治兵衛はあくまでも現場の職人であり、復古の意匠を考案する知的立場にはいなかったといえるかもしれない。しかしながら実際に伏見桃山御陵を訪れ、上円下方の墳丘を前にしたとき、それを取り囲むように眼前に広がる松の疎林の佇まいは、小川治兵衛の造型そのものであることを感じざるを得ない（図4―13）。

のちに伏見桃山御陵を参拝した山県有朋は、つぎの和歌を詠じた。

大君はいかにますらむ伏見山ただ松風のおとばかりして

ここには、御陵に見られる小川治兵衛的な松の疎林に感動した山県のすがたが浮かび上がらないだろうか。国家の意匠を支え、その細部に息を吹き込む仕事こそ、植治のような実務家によらざるを得ない領域なのであった。

5章　庭園世界の拡大

紳商たちの庭の世界

琵琶湖疏水の水利を活用して塚本与三次が開発した、南禅寺下河原町四三―一番地の地所東側部分を一九二五（大正一四）年に購入した人物がいた。それは下郷伝平であった。彼は琵琶湖のほとり、長浜を根拠地とする実業家であり、一八七二（明治五）年の生まれ、父を継いで二代目下郷伝平となった人物である。下郷が南禅寺下河原町に構えた別邸は清流亭と名づけられたが、これは塚本の所有時代であった一九一三（大正二）年に、東郷平八郎元帥が命名したものだという。ちなみに、このとき地所の西側部分を入手したのは三菱の岩崎小彌太であった。

下郷伝平が清流亭を手に入れた動機ははっきりとは知られていないが、小川治兵衛の庭が京都、滋賀の富商たちにとって、魅力的なステータスとなっていたことが感じられるのである。初代・二代を通じて下郷伝平は実業界に多大な足跡を残した。初代は明治維新の過渡期を、土地の売買や相場で儲け、やがて実業界に乗り出してゆく。彼は多くの会社に関係しており、なかでも大阪製紙所、長浜銀行、下郷製紙、近江製糸、日本絹糸紡績、近江鉄道などに関与したことで知られる。また、社会事業に対して基金を提供しつづけ、教育、福祉、社寺の普請に多大の寄付をした。そのなかに、興味深いエピソードがある。

一八八九（明治二二）年、初代下郷伝平は郷里長浜小学校の新築を提唱して、建設資金三千円の寄付を申し出たという。しかしながらひとりだけの寄付による学校建設は、その後の学校運営に影響を及ぼすのではないかという懸念を抱く人びとの反対にあい、結局不首尾に終わったという。これは社寺などの普請の場合、ひとりだけの寄進によって作事することを一建立《いちこんりゅう》といってその後の影響を嫌う、近世的な伝統に連なるものであろう。

しかしながら時代が下って一九三七（昭和一二）年に、近隣の犬上郡豊郷町に豪華な豊郷小学校が建設されている。この小学校は敷地、校舎、備品の一切、さらにはその後の維持費や教員住宅費までも、すべて地元の実業家、古川鉄次郎が寄付したものだった。古川はこの町の出身で、伊藤忠の専務になった人物である。校舎は近江八幡に本拠をもつ建築家ウィリアム・メリル・ヴォーリズによって設計された。平成の時代になってから、この小学校の改築を巡って建築保存運動が起きたことはよく知られている。

もし仮に下郷伝平の寄付が受け入れられ、明治初年に長浜小学校が建設されていたなら、どのような校舎が生まれていたか、興味が湧くが、すべては可能性のままに消えてしまった。

初代下郷伝平は琵琶湖疏水の事業にも理解を示し、疏水完成の際には、その頃大津に構えていた邸宅に三条実美を迎えている。じつは琵琶湖疏水に対しては、滋賀県知事であった籠手田安定が断固反対の態度を示していたため、京都府知事であった北垣国道が手を回して滋賀県知事を中井弘に交代させ、籠手田は島根県知事に転出させるという手段をとって、認可を得たといわれるものであった。下郷は疏水推進派としてこの開発に理解を示していた。

小川治兵衛の庭園の成立にとって琵琶湖疏水の水は不可欠の要素であったことを考えるなら、この構図のなかに現われる下郷伝平や中井弘が、植治の庭園を自分たちの邸宅として所有することになるのは必然といえるかもしれない。華やかな経歴を経た初代下郷伝平は、一八九八（明治三一）年、五六歳で京都別邸に没する。無論初代が営んだこの別邸は、二代目が入手する清流亭とは別の屋敷である。

この京都別邸というのは、もと伊集院兼常が邸宅としていたところだった。伊集院というのは、以前述べたように、植治が黒田天外に「全く山縣さん、中井弘さん、伊集院兼常さん、此の三人の御蔭で」と述べた恩人のひとりである。一八九二（明治二五）年頃、伊集院は高瀬川一之船入の南側、押小路木屋町の南西角に位置する屋敷を手に入れた。当時、近くには山県有朋も第二次の無隣庵を構えていた。伊集院は一八九六（明治二九）年頃、ここを引き払って南禅寺近くに移っている。山県も南禅寺近傍に、現在の無隣庵を営むことになる。伊集院が営んだ屋敷は、現在は対龍山荘として知られる場所にあった。現在の対龍山荘は小川治兵衛の代表的大庭園をもつことで知られる。

さて、伊集院兼常が引き払った屋敷を手に入れたのが初代下郷伝平であった。彼は死ぬまでこの別邸を用いつづけたのである。少しばかり、ここでこの屋敷のその後を追っておこう。一九〇二（明治三五）年にここは下郷家の手を離れ、住友家の大幹部であった広瀬宰平の息子、広瀬満正の手に渡る。満正の没後ここは仏寺となり、廣誠院として現在にいたっている。ここにはいまもなお、伊集院の作庭が残されているといわれる。このような世界に生きた下郷家の伝統は、その事業とともに二代目に継がれてゆく。彼は福祉事業、育英事業、文化事業などを行なう財団法人下郷共済会を設立し、コレクションの陳列館である鐘秀館を建設した。そうした文化人であればこそ、二代目下郷伝平は塚本与三次から、小川治兵衛の庭をもつ清流亭を購入することとなったのであろう。

ちなみに彼の次男である下郷寅次郎は京都府小川睦之輔の長女と結婚している。この小川睦之輔は医師で、京都鹿ヶ谷町、住友家の邸宅の裏手に住んでおり、一九二二（大正一一）年に小川治兵衛による庭園を築造している。すなわち、ここにも植治をめぐる連なり、すなわち、ひとつの社会的階層のなかに植治の庭園が浸透していた様相が、ほの見えるのである。

長浜には下郷伝平と並び称される実業家がもうひとりいた。浅見又蔵である。ジャーナリストの押谷盛利はこんなことを書いている。

「明治の頃、京都、大阪方面で活躍した近江商人は少なくないが、当時関西の財界で長浜の殿様とはやされた人物が二人いた。一人は下郷伝平、いま一人は浅見又蔵だった。両雄並び立たずというが、長浜の二人の殿様は教育に、福祉に、産業に多大の貢献をし、その恩恵は長浜に留まらず、湖北は勿論、全県下に及んだ。

下郷は明治三十一年五十六歳で亡くなったが、浅見は二年後の明治三十三年、あたかも下郷を追うように他界した。六十一歳だった。後年、評論家の中には二人を評して、下郷を上杉謙信、浅見を武田信玄になぞらえた。」(「近江商人と長浜商人」)

浅見又蔵は一八三九(天保一〇)年に長浜市内の薬種商の三男に生れ、一二歳で浅見家の養子となった。浅見家は名産である長浜縮緬の製造で知られていたが、彼は近代産業資本家として浅見家を長浜屈指の豪商に育て上げ、銀行、鉄道、船運などにも経営を広げた。

一八八七(明治二〇)年、明治天皇が長浜に行幸されると聞いて、私財を投じて迎賓館を建てた。この建物は一九三五(昭和一〇)年に明治天皇長浜行在所の名称で国の史跡に指定され、翌年長浜町(現在は長浜市)に寄贈された。戦前の史跡指定は一九四八(昭和二三)年に解除されているが、二〇〇六(平成一八)年に庭園が国の名勝に指定されている(図5―1)。

というのも、一八八七(明治二〇)年にこの迎賓施設が建設されてから二五年を経た一九一二(明治四五)年に、初代を継いでいた二代目浅見又蔵が、行幸二五年を記念して庭園の大修造を行なっていたのである。この作庭には小川治兵衛が当たった。植治の庭に対して名勝庭園の指定がなされたのである。庭園は表門から中門にかけての前庭、中門から本館前に広がる本庭から成っている。大きな起伏をもつ構成や、巨岩を配する豪壮な手法、そして琵琶湖の眺望を取り入れている点などが、この庭

図 5-1　浅見又蔵別邸慶雲館庭園

園の見どころである。この作庭には、小川治兵衛の長男、保太郎（白楊）も関わっていたといわれ、事実、白楊はこの庭園の写真集をまとめている。

建物は慶雲館と名づけられているが、これは伊藤博文による命名だという。東郷平八郎が命名した清流亭をもった下郷伝平に対して、伊藤による命名の慶雲館を造営した浅見又蔵はみごとに張り合っているといえよう。

浅見又蔵が小川治兵衛の手になる庭をもったのは、慶雲館のみではなかった。「一九二一（大正一〇）年五月京都市聖護院町、浅見又蔵氏別邸庭園築造」と、『小川治兵衛』に記されている。この庭園については、小川治兵衛の甥であった造園家・岩城亘太郎から興味深い話を聞く機会があった。一九八〇（昭和五五）年に聞き取りを行なった際、岩城氏は「この庭園は残っていないと思うが、ここにあったカヤの木は倉敷の大原別邸に移されている」と語ってくれたのである。

小川治兵衛による庭園は、全国の紳商たちのあいだに、広く行きわたるまでになっていたのである。倉敷の大原別邸というのは、大原美術館の向かいに現存する有隣荘のことである。この庭園は小川治兵衛が手がけたことで知られる。しかしながら大原家が植治に庭園を依頼したのは有隣荘庭園が最初ではなく、すでに一九一六（大正五）年に倉敷の大原美術館うらに当たる新渓園の庭園をまかせ、一九一七（大正六）年以来一九二七（昭和二）年にいたるまで、倉敷の本邸庭園の改修を任せつづけていた。そして一九二二（大正一一）年から翌年にかけては岡山・天瀬別邸の庭園の修築を依頼、一九三二（昭和七）年には兵庫・住吉の別邸の庭園を依頼している。岡山の天瀬別邸は戦災で消滅したと思われ、現存していない。また、住吉の反高林にあった別邸は、谷崎潤一郎の『細雪』に描かれている一九三八（昭和一三）年の阪神の大洪水で被害を受け、戦災にも遭って、現在はすがたを消している。

しかしながら大原孫三郎が一九三六（昭和一一）年から翌年にかけて京都の北白川に営んだ別邸は、現在も大原家によって静かに維持されている。門を入ると杉と檜の木立が森閑とした風情をただよわせ、ここが京都の市中とはとても思えない。ゆっくりと迂回する道をたどると、侘びた数寄屋の玄関にたどりつく。玄関入り口部分に、こぶし大の黒石を敷き詰めた「霰こぼし」の仕上げは、石のパターンがみごとである。こうした部分は庭師の仕事であり、庭が建物に接続する重要な部分である。

建物は上階に茅葺きの宝形の屋根をもち、下層はむくりをもった瓦屋根に柿葺きの庇を巡らせた楼

図5-2　大原家北白川別邸

閣を思わせる数寄屋建築である。深い土庇が庭の光をやわらかく室内に導き入れ、この別邸が庭とともに安らぐための場であることを教えてくれる。ここにもまた池が設けられているが、場所的に琵琶湖疏水の水を引くわけにはゆかず、別に水を引いている。池からは流れが敷地の西に向かって流れ、植治らしい水のデザインとなっている。庭の風情は池を中心としたもので、正面を外した位置に石の橋が架かり、池に奥行き感を与えている。池の正面には、奥にひっそりと石塔が据えられているが、これもまた庭園全体に奥行きを与えるものである。

母屋と池を挟んだ反対側には茶室が設けられており、茶室側から母屋を見返したときの風情もまた、庭園全体の意匠の重要なポイントである（図5―2）。

戦後、この庭を引き継ぎ、父・孫三郎同様にここを愛した大原総一郎は、母屋の座敷の床柱に身をもたせかけて庭を眺めたり、二階の座敷から月が昇るのを愛でたりした。俯瞰する視線に応えることができるのは、小川治兵衛の庭園の特徴のひとつで、山県有朋の無隣庵庭園以来、俯瞰しても美しい庭園を植治はつくりつづけてきた。これは、近代以降、二階建ての御殿がふえてきたことに対する植治なりの答えであった。石を伏せ低木を刈り込む手法は、庭園を開かれたものにするとともに、二階からの視線を意識したものでもあった。この庭も楽しむことに意欲的であった大原総一郎は、あるときには、一階の座敷にセザンヌの小品を飾り、庭と対比しながら鑑賞したという。色彩のひだを重ねながら構成されるセザンヌの画面は、さまざまな色合いの木々が重層的に重なって奥行きを生むこの庭園のなかに置かれるとき、庭園と絵画の交感を生み出したのであろう。

周辺の市街化がすすむなかで、大原総一郎は庭の南側に低い築地塀を建てさせ、外部の騒音を遮断した。この築地塀は石灯籠を挟んで低く延びているが、目障りにはならず、たとえていえば龍安寺石庭を囲う築地塀のように、庭に広がりを与えるものとなっている。

かつては大原家北白川別邸に隣り合ってロータリーをもち、西洋館ももった島津家別邸があったというが、すでにこれは消えている。ひっそりと残されている大原家北白川別邸は、連綿と歴代小川治兵衛によって手入れがなされてきたといわれ、七代目植治の没後はその配下にいた前田義次郎が担当し、現在も一一代植治が庭を手入れしている。

倉敷の近代化の歴史は、大原孫三郎のちからによるところが大きい。大原家の当主として、若い時代から倉敷紡績（クラボウ）の社長となった大原孫三郎は、事業の拡大を図るとともに、多くの文化事業、社会事業を行なった。病院、学校、農業研究所、社会問題研究所を開設して、事業だけでない社会活動を行ないつづけた。また、洋画家・児島虎次郎を援助し、彼に絵画を購入させて美術コレクションを形成していった。モネ、マチス、エル・グレコなどの作品を擁するコレクションは、わが国屈指のものであった。

こうした経緯のなかで有隣荘庭園は一九二八（昭和三）年から一九三一（昭和六）年まで、植治の手によって作庭された。実際には植治の甥に当たる小川和男が担当したという。有隣荘は倉敷の本邸に隣り合って作られた邸宅で、大原孫三郎が夫人・寿恵子との生活のために考えた邸宅であったが、大正末年に皇太子が倉敷紡績などを訪問したことに鑑みて、倉敷における迎賓施設の必要性を感じて、十分な費用をかけた普請を行なうことにしたのであった。敷地外周を巡る塀の板は厚手のチーク材であり、水に強く、甲板などにも用いられる高級板材である。この塀を見るだけでも、いかに有隣荘が高価な仕上げを用いているかが知られる（図5―3）。

内部には洋間と和室がそれぞれ設けられており、いかにも昭和初期の邸宅らしい、破綻のないデザイン的統一が達成されている。洋風意匠にはアール・デコの傾向がみられ、ここにも時代の息吹が感じられる。柱は台湾の阿里山の檜、天井板は屋久杉といった具合に材料が吟味されており、屋根瓦は大阪で焼かせた緑釉のみごとな瓦であった。この屋根の緑色が印象的であったことから、有隣荘は緑御殿ともよばれた。敷地の周囲を囲う塀にもこの緑釉の瓦は用いられている。ここには和漢洋が渾然

図 5-3　大原孫三郎邸有隣荘

として一体化するよう、試みられているのである。

　大原孫三郎は有隣荘につづいて一九三〇（昭和五）年、自己のコレクションを展示するための施設、大原美術館を設立するが、その建設費五万五千円強に対して有隣荘は二六万円もの工費を投じたといわれる。それだけこの迎賓施設に対する孫三郎の思いは強かったのであろう。こうした迎賓施設への思いは、慶雲館を建てた浅見又蔵に通ずるものがある。

　美術品を収集し、迎賓施設となる邸宅を営むという行動パターンは、明治から昭和戦前期にかけて成功した産業資本家たちに共通するものであるが、大原孫三郎の場合、コレクションの主体が西洋美術であり、迎賓施設もまた和洋折衷の新しい様式によるものであったという点で、これまでの数寄者的な資本家とは異なっていた。この場合、美術館の建物も有隣荘も、設計を行なったのは倉敷出身の建築家・薬師寺主計であった。薬師寺は東京帝国大学出の建

図 5-4　有隣荘庭園

築家であり、若い頃は陸軍の建築技師として働き、後半生を倉敷で大原家関連の施設を設計して過ごした。有隣荘は和室部分は薬師寺の恩師でもある伊東忠太に監修をしてもらったといわれる。洋室部分は薬師寺の手になるもので、彼が得意としたアール・デコ的な要素も見られる。

　このように見てくるなら、有隣荘の庭園（図5―4）は、これまで植治が手がけてきた京都の伝統的和風建築とは異なる建築環境のなかに営まれたものだと知られるであろう。この庭園を調査した鈴木誠らによれば、植治は一度この庭園を完成させた後、さらに庭園を大改修しているという。一九二八（昭和三）年の建物竣工以後、一九三〇（昭和五）年に寿恵子夫人が没し、同じ年に美術館を開館させたことなどが、建物と庭園の性格をより一層迎賓施設的なものにしたために、庭園の手直しがなされたと考えられる。改修の内容としては、ふたつの庵治石の移動、十三重塔、井戸、四基の石灯籠の除去が挙げられる。この改修によって庭園は伝統的和風庭園から、より自由な庭園構成へと変化したと考えられよう。浅見又蔵の慶雲館から、カヤの木がいつ有隣荘庭園に持ち込まれたかは不明である。しかし有隣荘庭園大改修の際に新たに京都からカヤの木が持ち込まれたと考えるなら、庭園を一新させようとする植治の心がそこに込められているように見えてきて、何やら楽しくならないだろうか。

大原孫三郎は、倉敷の本邸、新渓園、有隣荘の庭園を、岡山の天瀬別邸、神戸の住吉別邸、そして京都の北白川別邸にも小川治兵衛に庭をつくらせた。植治のパトロンとして極めて重要な存在であると同時に、作庭の範囲を大きく広げてゆくうえでも大きな役割を果たしたのが彼だといえよう。

岩崎小彌太の庭

小川治兵衛は山県有朋との出会いから出発し、琵琶湖疏水の水の用い方を知悉したところからその作庭を発展させたので、当然のことながら彼の活動の中心となるフィールドは京都にあった。その活動が京都を越えて広がってゆくのは、住友家の庭園を通じて大阪や住吉などに広がり、さらに西園寺家の庭園を通じて興津や東京に広がったからである。つまり、施主が広がることによって彼の庭の範囲は広がったのである。もともと庭園が私的な世界なのであるから、庭の世界が広がるのも、私的である施主の世界の広がりに対応するのである。

三菱の四代目社長となり、三菱財閥の総帥となった岩崎小彌太との縁もまた、小川治兵衛の世界を一層拡大させてゆくものであった。小彌太は南禅寺近傍の下河原町四三—一番地の地所を、一九二五（大正一四）年に購入した。それまでこの土地を所有していたのは塚本与三次であった。塚本は、明治末年からこの近くの土地を自らの名義や、自分が設立した角星合資会社の名義などで所有し、南禅寺近傍を京都における豪壮な邸宅地域に開発していった人物である。彼は土地の開発を行なうにあたって、数寄屋造りの屋敷を建て、小川治兵衛に造園をまかせた。こうして開発された土地をさまざまな有力者に譲渡していったのである。史上最高の建て売り住宅だなどという人もいるくらいである。小彌太が購入した土地は大きな区画をなしており、それを分割するかたちで売却されたのであった。他の部分は先に見てきたように、長浜の実業家・下郷伝平に譲渡されたのである。少し先回りをしてしまえば、それぞれの地所は所有者が変わって、小彌太の別邸は織宝苑となり、さらに現在では宗教団体の所有となっている。下郷の別邸は清流亭となっている。

岩崎小彌太が下河原町の土地を手に入れた理由ははっきりしないが、京都に別邸を構えることは日本の有力者たちにとって好ましいライフスタイルであったから、小彌太もその流儀に従ったのだと思われる。ここには木造二階建ての数寄屋が建てられていた。また、やがて巨陶庵と名づけられることになるこの京都別邸は、数年後に行なわれた昭和大典の際には、宿舎として役に立ったに違いない。小彌太は応接間を増築し、植治に邸内を流れる水流を整えさせた。一九二八（昭和三）年の正月に小彌太は、従兄弟であり、三菱の先代社長でもあった岩崎久彌に新年の挨拶を送っている。

「御健康を祝し奉る
京の春ハ長閑ニ有之候
小彌太」

きわめて短い文章ながら、ここには京都で過ごすのどかな正月の気分がゆったりと流れている。京都に新しく別邸を構えた楽しさもそこには感じられるのである。さらに一九三三（昭和八）年には、ふたたび植治に庭園の大改修を命じている。

こうして岩崎小彌太と小川治兵衛とは本格的に出会った。

京都でのどかな正月を迎えた年、岩崎小彌太は東京で麻布の鳥居坂に、新しい本邸を計画中であった。もと久邇宮邸が構えられ、実業家・赤星鉄馬が入手していた土地である。ここに小彌太は大江新太郎に邸宅を設計させ、小川治兵衛に庭園をつくらせた。

鳥居坂本邸は岩崎小彌太にとって一種の迎賓館でもあり、海外からの賓客に対して日本の芸術文化の粋を示すという試みでもあった。大江新太郎はコンクリート造のテラスの上に、和風に東洋風を加味したのではないかと思われる建物を乗せた。大江は一九〇四年に東京帝国大学建築学科を卒業し、ながらく日光東照宮の修理に携わった建築家である。また、伊東忠太、安藤時蔵の後を受けて明治神宮造営の主任技師になり、その宝物殿を設計している。いわば当時、もっとも和風建築に通じた建築家であった。彼に腕を振るわせようと考えた岩崎小彌太の胸中には、日本の建築的伝統を示すという意欲が溢れていたのであろう。インテリアに関しては中村順平がたずさわり、漆芸作家の松田権六もその腕を振るった。建物は大きなコンクリートのテラスの上に乗ったようなかたちに構成されているので、庭園は上から眺められるし、その広さもさほど大きなものではない。これまで小川治兵衛が手がけてきた広大な庭園の構成手法を、そのままここに用いることはできないであろう。

しかしながら小川治兵衛の手になる庭は、植治の定石通り豊かな流れが庭を横切り、ゆったりした芝生がコンクリート・テラスの下に広がる。さほど広い面積の庭ではないが、周囲には喬木を配して隣地からの視界をさえぎり、都心とは思えない別天地を生み出している。広くない庭に明るさと広がりを与えているところに、彼らしい庭園が生まれた。ここはテラスの上から眺める庭であり、庭園内をそぞろ歩きする回遊性の比重はそれほど大きくはないであろう。テラスに立つ人の、上からの視覚に訴える要素を重視することによって、この庭は開放感を得ている。

流れは敷地の西南の隅からはじまって、南東に向かって流れる。流れのはじまるあたりには小さなトンネルが口を開けている。このトンネルを抜けると敷地西側の崖に出ることができる。風情ある散策路とも考えられるけれど、明らかにこれは一種の避難路であり、外部からの攻撃に対する防御施設とも考えられる。このようなトンネルは、植治が庭園を手がけた京都南禅寺近傍の邸宅にも見られるし、後に手がけてゆく岩崎小彌太のための熱海別邸陽和洞にも、また長尾欽弥の別邸扇湖山荘にもトンネルが用いられている。地形の変化を生かし、敷地の防御性を高める工夫であるが、小川治兵衛自身、広闊に展開する開放的な芝生主体の庭を得意とする一方で、このような変化に富んだ構成もまた好んだのではないかと思われる。

贅を尽くし、防御に心を砕いた大邸宅であったが、この本邸は一九二九（昭和四）年の竣工からわずかに一六年後、一九四五（昭和二〇）年五月の東京空襲で灰燼に帰してしまった。残されたのは土蔵幾棟かと庭園だけであった。わが国昭和前期を代表する迎賓施設というべき岩崎小彌太本邸は、須

図 5-5　岩崎小彌太熱海別邸陽和洞

奥の間に幻の館となってしまったのである。

しかしながら一九三五（昭和一〇）年、岩崎小彌太は熱海に新しい別邸を作り上げていた（図5－5）。建物を設計したのは曽禰中條建築事務所、そのスタイルは豪壮な英国チューダー朝風のハーフティンバー様式であった。東京本邸として海外の賓客を迎える鳥居坂邸では、日本の芸術を示すために和風を基調としたのに対して、私的な別邸である熱海の館は、小彌太の個人的好みを表に出したのであろうか。英国に遊学した小彌太には、英国中世末期のチューダー朝様式が似合ったし、こうした様式を実現するには、英国人建築家ジョサイア・コンドル亡き昭和にあっては、その愛弟子曽禰達蔵と、その後輩で英国留学の経験をもつ中條精一郎のコンビによる建築事務所がうってつけであった。

曽禰中條建築事務所は、鉄筋コンクリート造でありながら木造の味わいを漂わせるスケールの大きいハーフティンバー様式を実現してみせた。とくに吹き抜けの大ホールの天井に張り渡された大梁は、コンクリートの型枠に木目を浮き上がらせた欅板を用い、その木目をコンクリートの肌に写して、あたかも欅の大梁が天井をまたいでいるかのような効果を上げている。暖炉の脇には一九世紀英国のラファエル前派風の絵画が飾られ、イングルヌックとよばれる英国風の作り付け椅子が設けられている。重厚な木肌を見せた羽目板張りの書斎、イスラム風のタイルを用いた温室、軽やかなフランス風を見せる夫人室など、インテリアも趣味のよい洗練された様式を採用している。また、熱海の湯を楽しむ浴室には、巨大な花崗岩をくりぬいてつくりあげた豪快な浴槽が据えられている。いまなおこの館は、わが国随一の西洋館でありつづけている。

ここには陽和洞という名がつけられた。この名は岩崎小彌太の父、彌之助が鎌倉に別邸を営んだときにつけたものであったが、小彌太はそれを熱海に移して用いたのである。陽和洞とは、文字通りには洞窟もしくは洞門の名であり、鎌倉においても地形を掘り抜けるトンネルに対してつけられたものであった。熱海の陽和洞も、別邸に向かって進む道が通り抜けるトンネルの名称である。ここを訪れる人は、別邸に人を導くトンネルの上にこの名を刻んだ銘板が掲げられているのを目にするであろう。トンネルの手前には青々としたみごとな竹林が広がっている。竹林を越え、トンネルを抜けて到達するのがこの別邸であった。

岩崎家には無論数多くの別邸があった。箱根の芦ノ湖畔に構えられた別邸見南山荘は、もとは狩猟のための小屋であったが、洋館・日本館を建て、庭園に加えてゴルフコースまで設けた小彌太お気に入りの別荘であった。しかしながら熱海別邸の土地を探したときの苦労はひとしおであった。山を分けて登ってゆくうちに、ふと熱海の海の見渡せる場所に出て、「ここだ、ここだ」と彼が叫んだと、『岩崎小彌太伝』は伝える。

陽和洞の庭園は小川治兵衛にまかされた。施工には植治の甥である岩城亘太郎が当たった。地形は広く南に開けて伊豆の海に向かって下りながら広がるものである。洋館の前面には広い芝生が広がり、あくまでも広闊な明るい庭園だといってよいであろう。広い芝生の中央に、印象的な石が据えられている。これはつくり出しの設けられた建物の礎石である。一般にこうした礎石などを伽藍石とよび、この時代、伽藍石を庭園に配する手法はしばしば見られるもので、小川治兵衛も山県有朋の無隣庵をはじめ、さまざまな庭園で実践している。

陽和洞庭園中央の伽藍石（図5－6）は京都安養寺から運んだもので、母への供養の意を込めたものであった。西洋館の前面に開ける芝庭は、洋風庭園の雰囲気をもつが、そこに伽藍石が据えられることによって日本庭園の性格が生まれている。

図 5-6　陽和洞庭園の伽藍石

庭園をやや下ったところには梅林がつくられた。この梅は鎌倉の別邸から移植したもので、父母にゆかりの別邸からの木々であった。この庭では水の流れが主役を占めることがない。海を見晴らす高台の庭であるから、それは仕方のないところであろう。そのかわり、あくまでも快活な庭が広がることとなった。熱海の町の喧噪はここにはまったく届かない。庭からは木々の間に海が望まれるだけであって、にぎやかな温泉町の存在など、まったく感じられないのである。一説によれば、この別邸の下を丹那トンネルが走っており、この大工事が終わった後で、そこに投入されていた労働者たちを用いてこの別邸の工事が進められたのだという。そうした物語が不自然には感じられないスケールの大きさが、熱海別邸の構成のなかには存在する。そこには岩崎小彌太の性格が投影されているのであろう。

陽和洞に到達するにはトンネルを抜けてこなければならないが、庭の反対側に抜ける小さなトンネルも別に用意されている。庭園におけるトンネルには、どこかしら秘密めかした遊びの気分がただようが、このトンネルには実際上の避難路あるいは逃げ道といった性格もあるのであろう。別邸がつくられた昭和初年は要人に対するテロが現実の問題として存在していた。陽和洞においても、こうした避難路だけでなく、洋館二階の寝室へ通ずる廊下には、金庫扉のような頑丈な鉄扉が設けられていた。

岩崎小彌太の父、彌之助は品川御殿山に広大な館を営んでおり、建物は英国人建築家ジョサイア・コンドルの手になるものであり、ここに設けられた洋風庭園は福羽逸人によるものだった。コンドルは洋風の庭園についても、刺繍柄のような整形庭園を設計図面に描き込んでいる。福羽はコンドルのアイデアを尊重しながら実施計画にまとめたのであろう。コンドル自身、日本の庭園については、なみなみならぬ興味と知識をもっていた。しかしながら彼が試みている庭園は整ったパターンをもつ西洋庭園である。敷地の南から西にかけての部分に、こうした西洋風庭園が設けられている。それらは牡丹園として計画されたというが、後にバラ園に変更されて現在にいたっている。いかにも英国風のバラ園である。

一方、敷地の東側には大きな藤棚が設けられ、そこからのびる南斜面に沿って、日本庭園が設けられていた。明治期の西洋館には、別棟に日本館が建てられて、和館・洋館の並立形式をとる場合が多いが、庭園についても、西洋風の庭園と和風の日本庭園が並立するかたちで設けられる場合があった。そこでは、洋館の周囲には洋風庭園、それ以外の部分あるいは日本館の周囲には日本庭園という組合わせがとられる。こうした和館・洋館の並立形式の大邸宅は東京に設けられる場合が多かったが、東京の大邸宅の敷地として好まれたのは、南向きの傾斜地であった。南向き斜面は陽当たりがよく、水はけもまたよいので住宅にはふさわしかったのである。

しかしながらこうした南斜面が邸宅立地として好まれるようになるのは、明治以降のことだと言われる。江戸期の庭園には江戸湾に接した水辺の庭園をもつ邸宅が多く、現在残されている浜離宮庭園や芝離宮庭園は海に接した汐入の庭園である。岩崎家においても、初期に整備された清澄別邸とその庭園は水を生かした下町の立地であった。

西洋館が高台に建ち、そのシルエットを周囲に誇るようになるのは、エルヴィン・フォン・ベルツなどのお雇い外国人医師たちが、健康のためには湿潤な低湿地の館よりも、高台や南斜面などの「高燥の地」がよいと説いたことが影響しているといわれる。下町情緒を好む江戸の風情から、山の手文化を洒落たものと見なす明治以降の文化意識の変化が、こうして進行してゆくのである。

南向き斜面の大邸宅の場合、中心となる洋館は高台の部分に建設されるのがふつうであったから、その周囲、すなわち高台部分に洋風庭園が設けられ、南斜面を下がった下の部分に日本庭園が設けられるという構成がそこに生まれた。品川御殿山の岩崎彌之助邸もそうした構成をとっているといえるし、同じジョサイア・コンドルの設計になる三田綱町の三井倶楽部の建物においても、まったく同じ構成がとられている。高台に建つ洋館の前にはコンドルが設計した洋風の噴水が設けられ、そこから洋風の石造階段を下ってゆくと日本庭園が開けてゆくのである。日本庭園は京都藪内流の宗匠の手になるものという。

岩崎彌之助邸がつくられたのは一九〇八（明治四一）年のことであり、このときには小川治兵衛のしごとは関東にまでは及んでいない。岩崎家の邸宅には、それぞれ趣向を凝らした庭園が設けられていたが、小川治兵衛が岩崎家の仕事に関与するようになるのは、小彌太の時代になってからのことである。

しかしながら植治が東京にその活動範囲を広げるのは、岩崎小彌太の庭園を手がけるより以前、西園寺公望の駿河台本邸に関わるようになってからである。その開始時期ははっきりしないが関東大震災以前であることはまちがいない。『小川治兵衛』によれば、西園寺本邸の庭園は一九一八（大正七）

年に開始され、翌年竣工したという。そしてこれとまったく同じ時期に着工し、竣工した庭園として、村井吉兵衛邸と古河虎之助邸を挙げている。ここに小川治兵衛の作庭は東京に及ぶことになるのである。このほかに植治が東京で作庭したとされる邸宅としては、一九三三（昭和八）年に修築されたという小倉正恒邸が知られるが、小倉は住友の総理事をつとめた財界人であったから、住友系の施主として植治の庭をもつこととなったのであろう。

先にも見たとおり、一九一八（大正七）年に西園寺公望邸、村井吉兵衛邸、古河虎之助邸の庭園が踵を接して着工する。そこで問題となるのは、西園寺邸は別として、村井家と古河家がどのような経緯で小川治兵衛に作庭を依頼することとなり、結果として植治の東京での庭園世界を広げることとなったかである。

村井吉兵衛の庭

村井吉兵衛は日本のたばこ王として知られる。たばこが専売となるまでは、その製造は民間企業の行なうビジネスであった。そこで名をなしたのが天狗印のたばこで知られた銀座の岩谷松平、そして牡丹印のおなじく銀座の千葉松兵衛らであった。彼らのたばこは江戸時代以来の刻みたばこではなく、両切りの紙巻きたばこであった。一八七三（明治六）年に開催されたオーストリアのウィーン万博に出席した竹内毅、石川松平が紙巻きたばこ製造機械を購入して帰国したのが、国産の紙巻きたばこ生産の端緒となったという。竹内毅は一八七五（明治八）年に試作した紙巻きたばこを明治天皇の天覧に供したという。

こうしてスタートしたたばこ製造は、天狗印の岩谷商会と、サンライス、ヒーローなどを製造販売する村井商会の一騎打ちになってゆく。両者は広告宣伝合戦を繰り広げ、ともに成長していった。

村井吉兵衛は京都の出身、その主力工場も京都の東山区馬道通りにあった。しかしながらその業績拡大とともに東京への進出は不可避となり、一九〇一（明治三四）年七月、一家を挙げて東京に移り、芝区三田小山町に居を定めた。そして翌年一一月には麴町永田町に転居する。ここは当時女子学習院があった場所のとなりであり、村井家の、このとき一一歳になる一人娘の久子の通学には、ことのほか便利であった。この転居はあきらかにより都心の、より高級な住宅地への移動である。

村井吉兵衛はたばこ製造の傍ら、繊維産業、金融業への業務拡大をめざしてさまざまな企業を立ち上げてゆく。その中核となった村井銀行は、本店支店の建築を建築家・吉武長一にゆだね、本格的な古典主義建築の店舗を建設している。吉武はアメリカのペンシルヴァニア・テクニカル・カレッジに学んだといわれる建築家で、村井銀行の設計を行ない、他には教会建築を手がけた。彼の作品のなかで現在も京都の旧七条支店、旧五条支店、旧祇園支店の建築は存在しており、その重厚な佇まいを目にすることができる。また、教会建築としては東京の日本キリスト教団安藤記念教会も現存している。

こうした作品群のなかで村井吉兵衛の建築としてもっともよく知られるのは、京都円山公園に隣接して建つ長楽館であろう。一九〇九（明治四二）年にアメリカ人建築家ジェームズ・M・ガーディナーの設計によって造られたこの建物は、村井家の京都別邸であり、本格的西洋館として知られる。また、この建物に長楽館の名を与えたのは伊藤博文であることもよく知られている。たばこ王・村井吉兵衛の存在感は、この本格的西洋館によって広く人々に印象づけられたのだった。ガーディナーの起用といい、吉武長一の起用といい、本格的様式をこなす建築家を好んだ村井は、建築をきわめて重視していた経営者だと思われる。たばことという産業にとって、建築もまた企業のイメージを発信する重要なメディアだったのではないか。

このあと、村井吉兵衛は一九〇二（明治三五）年以来住んでいた永田町の東京本邸を本格的に建設しはじめる。この本邸をまとめた写真集『山王荘図集』によれば、「工学博士武田五一氏、工学士岡田信一郎氏が相談役で、總棟梁として監督に終始した人は小林富蔵氏である。大正四［一九一五］年秋に大体の平面図が出来、大正五［一九一六］年一月に着手したさうだが、竣工期は明瞭でない」という。『小川治兵衛』では、庭園の竣工を一九一九（大正八）年としているので、建築もその頃には完成していたであろう。少々長くなるが、この図集に記された山王荘の解説を引いておこう。

「玄関から大客室へかけの（ママ・かけての）主要部は、大体藤原時代の様式を模し、車寄は唐破風檜皮葺で、仁和寺と本願寺の間を行つたものださうである。

庭面観月台を境とする奥座敷掛りは起破風二階建である。此部分一階は勿論檜材を用ひてあるが、二階は特に赤松材を用ひて趣致に変化あらしめたのは主人の好みであらう。一階は主人室及夫人室で、此所から北に面して中庭があり、中庭を隔て丶隠居所がある。

茶席は今日庵と又隠との写しを以て大体の主調をなし、此の外十五畳の茶室がある。此室の上段の間の庇裏は非常に手数を要する竹造りで、京都の大工の作ださうである。

此茶席と隠居所の大部分は北山丸太が使用されてゐる。

各室の襖は概ね絵襖で、引手は桂の御所其の他由緒あるもの、写しが多い。

醍醐棚、桂の棚、或は欄間等にも由緒あるものが多いが、部分々々は何れも目次に大体の解説を付すること、した。」

何となく伝聞によるかのような、要領を得ない解説であるが、これには訳があった。すでに一九〇四（明治三七）年、たばこ専売法が実施され、村井商会のたばこ工場は政府に引き取られてしまう。そして村井商会自体もまた、金融業、製糸業等に転身を図らざるを得なくなっていた。そして一九一六（大正五）年に妻、宇野子が没する。翌年、村井吉兵衛は子爵日野西家から薫を後妻に迎えるが、一人娘久子が同じ年に亡くなると、薫は反りの合わなかった娘婿の弥吉（彼は子爵三島通庸の五男であった）を離縁してしまう。こうした変転のなか、村井吉兵衛本邸山王荘は当主一家に住まわれつづけていたものの、一九二六（大正一五）年一月二日、吉兵衛の死によって大きくその運命を変えてゆく。当主吉兵衛の死の翌年、金融恐慌のあおりを受けて村井銀行は破綻してしまうのである。

山王荘は整理され、敷地は東京府に譲渡され、ここは後に府立一中の校地となった。現在の都立日比谷高校の敷地である。ここには村井家時代の建物の一部と史料が伝えられているものの、庭園の面影を偲ぶ、よすがはない。東京の中心地に植治がどのような庭園をつくりあげたのか、是非とも知りたかったところである。写真集『山王荘図集』は、村井吉兵衛本邸解体移築のあわただしい時期に、大急ぎでまとめられたのではなかったか。解説が伝聞であるかのような記述を含むのも、仕方なかったのであろう。

和風御殿は解体されて比叡山延暦寺に移建され、大書院として用いられて現存している。武田五一の作品中、極めて雄大な規模をもつ邸宅であり、いま訪れても圧倒される。また、そこに伝統的書院の意匠だけでなく、襖紙に最新のアーツ・アンド・クラフツ運動の影響とも思われるデザインが見られたりすることに驚く。これはおなじ武田五一の手になり、小川治兵衛の庭園をもつ、稲畑勝太郎別邸和楽庵のインテリアにも連なるデザイン感覚と感じられ、庭園の意匠もまた、こうした新感覚を意識していたのではないかと想像されるのである。茶室の一部は、山王荘解体のときに、青山の根津嘉一郎に引き取られたと伝える。

また、吉武長一が設計したといわれる西洋館はお茶の水に移築されて日仏会館に用いられたというが現存はしていない。京都の別邸長楽館は喫茶室として用いられながら現存している。建築に深い趣味をもっていたと思われる村井吉兵衛の邸宅は、それぞれにしかるべき引き取り手を見出したといえそうである。

しかしながら、このような本邸解体という経緯を辿った村井吉兵衛邸であるので、山王荘の庭園に関する史料は少ない。『山王荘図集』の記述がどことなく要領を得ないのは、この書籍が刊行された一九二七（昭和二）年にはすでに村井銀行が破綻し、山王荘もまた処分されていたからである。ぎりぎり間に合った資料集がこの図集なのである。図集は冒頭、こう述べている。

「山王台の一角に輪奐の美を極めた純日本式の広大壮麗な屋宇と、林泉の幽邃を誇る大邸宅『山王荘』は、建築上造庭上参考に資すべきもの甚だ多いが、茲には只我等の聞知し得た所と感想とを記して、建築の概要に代へるのみ。」

この図集のなかに収められた庭園の写真を見る限り、ここには大きな流れや池等は認められず、伝統的な日本庭園のスタイルが支配しているように思われる。しかしながら広い芝庭、低く刈り込んで飛石に添えられた樹木等には植治の手法が見て取れるし、五条の橋杭を加工した「花崗石の手水鉢」は明らかに植治流の石の扱いである。

村井吉兵衛と小川治兵衛の接点はどこにあったのであろうか。京都出身の村井は、当然のことながら京都での植治のしごとを知っていたであろう。とくに長楽館は植治が手がけた円山公園に隣接しているのであるから、そこで植治の仕事に注目したであろうことは十分想像できる。山王荘を京都で活動している建築家・武田五一に依頼していることもまた、村井が京都の風土を重視していたことを物語る。建築家も庭師も京都を基軸にして彼は選択したのであろう。その結果、植治は東京に仕事の範囲を拡大してゆくこととなったのであろう。

しかしながら、この大庭園はすでに消滅してしまった。駿河台にあった西園寺邸の庭園もなく、都心部の大庭園とはいえ、これらがすでに失われてしまったことは誠に残念なことといわなければならない。一九一八（大正七）年に着工したといわれる東京の庭園のうち、現存するのは国際文化会館となった旧岩崎小彌太鳥居坂本邸の庭園と、古河虎之助邸の庭園のみである。

古河虎之助の庭

古河家は、古河市兵衛が渋沢栄一の国立第一銀行の資金援助を得て、足尾銅山を中心とする鉱山開発に乗り出すことによって基礎を築いていった財閥である。市兵衛は自分の跡継ぎに、明治の外交家として知られる睦奥宗光の次男、潤吉を養嗣子として迎えた。こうして睦奥宗光と姻戚関係をもったことは、後に足尾銅山の鉱毒事件が問題となったときに、陸奥の無言の支援というかたちで古河家に益したようである。睦奥宗光は、一八九七（明治三〇）年、東京の北、西ヶ原の邸宅で没した。この屋敷は古河家の人となっていた潤吉が相続するところとなり、古河家の財産となった。

西ヶ原邸は日本橋を出て、本郷、駒込と進む岩槻街道が飛鳥山、王子へと向かう道筋に当たり、駒込と飛鳥山の間に位置する。大局的には東京の北西部に位置する。江戸時代には飛鳥山はすでに桜の名所として知られていたし、王子から滝野川にかけては明治以降、外国人居留者たちにとって遠乗りの目的地として知られ、風光明媚なこの辺りは「日本のリッチモンド」などと呼ばれることもあった。王子という地名自体、江戸期に飛鳥山を名所化した将軍徳川吉宗が、自らの出自である紀州の熊野にちなんで名づけたといわれるものである。飛鳥山の丘があり、滝野川には石神井川の流れがあり、水の豊かな名所であった。

みごとな景観をもつ名所に近いということ以外に、古河家にとってこの邸宅が意味をもつもうひとつの理由に、飛鳥山にかまえられていた渋沢栄一邸の存在があるといわれる。古河家は渋沢による産業育成の支援を徳として、深く尊敬していた。その渋沢邸近くの西ヶ原邸の敷地は、得難いものだったというのである。

渋沢栄一は飛鳥山に広大な邸宅を構えていた。彼がここに邸宅を構えた理由はさまざまに考えられるが、彼の出身地である埼玉県の深谷は上野から王子を通る鉄道の延長上にあったという事実が挙げられよう。東京の屋敷地は時代が下るにつれて西郊の所謂山の手地区に多くなってゆき、西ヶ原や飛鳥山といった北部はあまり大邸宅が多く見出される場所ではない。しかしながら自らの出身地に結びつく場所に屋敷を構えることは、しばしば見られた。たとえば江戸時代における加賀藩前田家の上屋敷は、現在の東京大学の本郷キャンパスであるが、ここを出て前の通りをまっすぐ行けば中山道から越後へ抜け、加賀の国元までまっすぐに帰れる立地である。渋沢邸の立地もそうであったと考えられるし、そうした目で見るならば、古河家が手に入れた西ヶ原邸は東京から足尾銅山、さらには東北の鉱山に向かう方向に位置しているともいえよう。

睦奥宗光が一八九七（明治三〇）年に没し、西ヶ原邸は古河家のものとなったが、古河家の当主市兵衛は一九〇三（明治三六）年に没してしまう。しかも陸奥家から古河家に入り市兵衛を継いだ潤吉は市兵衛のわずか二年後、一九〇五（明治三八）年に後を追うように没してしまう。この後、古河家の三代目を継ぐのは市兵衛の実子であった虎之助である。古河虎之助は一八八七（明治二〇）年に生れ、西郷従道の娘を妻としていた。この虎之助が、潤吉を経由して古河家の邸地となった西ヶ原に、ジョサイア・コンドルによる西洋館と小川治兵衛による庭園をもつ邸宅を建設することになるのである。

西ヶ原の敷地は、大邸宅の敷地にふさわしい、南斜面からなっていた。この敷地内に建っていた陸奥宗光終焉の屋敷は解体されて、古河財閥出身の政治家・中島久万吉に譲られ、青山に移築されて中島邸となっていたというが、関東大震災で焼失してしまった。古河虎之助は西ヶ原に新たな館を構想した。敷地のなかでもっとも高い北側部分の西よりに、ジョサイア・コンドル設計の建物が建てられ、低い敷地の南部分に大きな池を中心にした日本庭園が設けられる。これが小川治兵衛のつくり上げた庭園である。そしてコンドル設計の建物の前面には、コンドル自身の設計による整形のバラ園が設けられている。この庭園はコンドルによって実施されて現存する、唯一の庭園なのである。この部分は西洋庭園であるが、小川治兵衛のつくった日本庭園とは、敷地に高低差があるため、互いに干渉し合うことはない。ひとは館から緩やかにバラ園へと降りてゆき、そこからさらに敷地の南に下ることによって、日本庭園に到達する。

この日本庭園は、京都における植治の庭園に比べると、水平的な広がりに、明らかにかける。敷地形状によるのであろうが、この庭園は池を中心に囲まれた世界を形成している。池には大きな石の橋が掛かり、池の正面には巨大な雪見灯籠が据えられているのが目に入る。こうした構成や石の扱い方は、本来の植治流というより、江戸庭園の雰囲気に配慮した結果ではないかと思われる。巨石を目立たせる橋や灯籠のつくり方は、大名庭園的に思われるのだが。

むしろここでは、植治がジョサイア・コンドルの西洋庭園に臆することなく、西洋館の建つ敷地のなかの日本庭園という、独立した世界の構築に成功している点を見るべきであろう。というのも、古河虎之助邸はコンドルの設計した洋館が建てられるだけで、和館が脇に建つということはないからである。古河邸洋館は荒く仕上げた安山岩の外壁をもつ建物で、二階には仏間や座敷などの和室が設けられていた。これが古河邸の特徴のひとつであり、コンドルはここで西洋館の外観のなかに、和室を設けるという試みにチャレンジしているのである。こうした部分も、すべてコンドルが設計したと考えられている。無論、座敷には障子が用いられているが、和風建具が西洋館の外観には現われないように、バッファーゾーンのような狭い廊下状の空間が設けられて、内部の和風と外部の洋風を両立させている。

古河虎之助邸の外観は庭園側にふたつの切り妻の破風を見せる構成であり、真鶴産の小松石とおぼしき安山岩石材の全面粗石仕上げという特異なデザインである。これを、スコットランド風という印象を語る人もいる。ジョサイア・コンドルはこうした仕上げを、岩崎彌之助の箱根湯本別邸で採用しており、この湯本別邸に一九二二（大正一一）年に滞在した英国皇太子（のちにエドワード八世として即位するが、シンプソン夫人との結婚を選んで退位し、ウィンザー公となった人物）は、「スコットランドの離宮（バルモラル城）に居る心地」がすると述べたという。古河邸もまた、そうした離宮のようなくつろいだ雰囲気を漂わせていると見えたであろうか。

また、庭園側立面に見られる、ふたつの切り妻の破風からなる構成は、ハーフティンバー・スタイルの邸宅にしばしば見られるものなので、古河虎之助邸はある段階ではハーフティンバーの館として構想されていたのかもしれない。そうなるとこれはイングランド風の邸宅ということになったであろう。

日本庭園との関係でいうと、古河虎之助邸の南東隅には裏門が設けられており、ここから一条の道が敷地の南端、西端を通って洋館へ西側から到達するように設けられている。この道は敷地の端の部分を迂回しながら洋館に到達する裏道のように思われるが、裏門の設けられた敷地南東隅は、都心からこの館にやってくるとき最初に到達するポイントであり、この門を入って敷地内の深山幽谷めいた小径をたどって洋館に到達する趣向は、館の広大さを演出する手法として、重要なデザインだったのではないかと思われる。ジョサイア・コンドルが設計した本郷茅町の岩崎久彌邸の場合も、正門は敷地の南東部隅に設けられ、敷地の東端と北端をぐるりと巡る道をたどって洋館正面にたどり着くように構成されている。古河邸の場合も、こうした客の迎え入れ方が演出されていた可能性は高い。正門から敷地に入ったら、正面玄関までできるだけ長いアプローチの通路を設けるというのは、大邸宅を設計するときの定石のひとつである。

古河虎之助邸の場合、南東隅の裏門からの小径は、屋敷や庭園の存在を感じさせないように木立のなかを進んでいく。こうした演出は岩崎久彌邸の場合も、まったく同様である。その結果、古河邸の日本庭園は周囲からしっかりと囲われて秘蔵されているという構造になる。このような全体構造のデザインが存在していることが、植治がここでは開かれた庭園というより、独立した世界の構築に向かった理由のひとつでもあろう。庭園が外部の世界と連続性をもつ借景庭園となる京都では、庭園はどこかで外に延びてゆく視線の軸をもつものだが、江戸の庭園は広大であって、同時に自足的であった。古河邸の庭園はそうした自足的な庭園をめざしたものと考えられる。それが、江戸以来の東京での作庭であった。

小川治兵衛が古河虎之助邸の庭園を手がけることとなった理由はよく解らない。西ヶ原の邸宅と庭園は一九一七（大正六）年に虎之助一家が引き移って本邸として用いられるようになったが、その二年ほど前には完成を見ていたという。方位を気にする母親の願いで、それまでの本邸があった築地からいったん本郷真砂町に引き移り、二年ほどしてから西ヶ原に移ったというのである。『古河虎之助君伝』は、この庭園をつぎのように記す。

「欧風の前庭に続く南側は、幽邃な一郭の園林を為す近代的自然主義を取入れた池泉廻遊式庭園である。庭の中央には三百餘坪の心字形の池を掘り、中島を築き、橋を架し、径を造り、植栽を施し、石を配した。其の設計及び工事は京都の庭師植治が請負ひ、京都の北山から臺杉、杉苔などを運んで築造したものであった。」

こうして和洋を取り揃えた大邸宅が完成したにも拘らず、古河家では一九二六（大正一五）年七月、生活の本拠を牛込区若宮町に移してしまう。ここは古河財閥の幹部であった木村長七の屋敷だったものである。

西ヶ原の邸宅は、この後は一種の迎賓館として用いられることとなった。ここには汪兆銘がしばしば住んだり、ドイツのシーメンス社や米国のシカゴ・デイリーニュース社の役員などが訪問したりしている。植治の庭は、こうして東京にも根付いていったのであった。この建物と庭園は、現在もよく保存され、庭園は東京都が、建物は大谷美術館が管理して、一般に公開されている。

さて話を岩崎小彌太に戻すと、彼は第二次世界大戦の終戦とともに、三菱最後の総帥として財閥解体に立ち向かわなければならなかった。鳥居坂の本邸を戦災によって焼失した小彌太は熱海別邸陽和洞を本邸とすることとし、そこから自動車で東京に出ていた。

一九四五（昭和二〇）年一〇月二一日、陽和洞を発った岩崎小彌太は東京で精力的に動く。財閥解体に対する対応である。東京での仕事が忙しくなると、鳥居坂邸で焼け残った土蔵を文字通りの根城として、そこから各所に出かけていた。

一〇月二二日、終戦連絡事務局総裁児玉謙次と会談、二三日、大蔵大臣渋沢敬三と会談、二四日、ふたたび児玉総裁と会談。この夜、岩崎小彌太は病に倒れた。彼は鳥居坂邸の土蔵で病臥する。しかしながらやがて開かれる株主総会で三菱本社の解散が近いこと、小彌太が社長はじめ一切の役職から退くことが公表された。それから一ヶ月、一二月二日、小彌太は東大病院で息を引き取った。

熱海の陽和洞は未亡人の手によって守りつづけられ、現在も岩崎小彌太別邸時代の面影をよく保っている。しかしながら本邸であった鳥居坂邸の敷地は、戦災焼失という被害もあって、戦後国有財産

図 5-7　岩崎小彌太鳥居坂本邸庭園

に編入された。やがてここには、戦後の国際交流を果たすための拠点となる国際文化会館が建つことになった。これは一九五二（昭和二七）年に設立されたおなじ名前の財団の施設である。米国のロックフェラー財団の援助などで生まれたこの財団は一九五五（昭和三〇）年に会館を建設する。建物の設計には前川國男、坂倉準三、吉村順三という、戦後日本の近代建築を担ってゆく三人の建築家たちが共同で当たった。しかしながら岩崎小彌太鳥居坂本邸時代の庭園はそのまま残されて国際文化会館の庭園となった（図5―7）。大江新太郎の手になる和風の邸宅の庭園が、インターナショナルスタイルの建築の庭園に生まれ変わったのである。流れのある庭は、わずかにその広さを減じたものの、手前に開ける佇まいは新しい建物にもその魅力を発揮しつづけた。庭は建物より長生きするのかもしれない。

しかしながらさらに時代が下って二一世紀を迎えると、建物の老朽化と効率の悪さが問題になってきた。改築か改修かの議論の末、二〇〇五（平成一七）年、大改修が施されるにいたった。その工事で判明したことのひとつが、建物の基礎廻りであった。戦後の国際文化会館は岩崎小彌太本邸のコンクリート造の地下部分を利用しながら設計されていたのである。頑丈なコンクリート構造を壊すよりは、それを再利用することで現在の建物を生み出していたのである。庭園だけでなく、建物もまた見えないところで生き続けていたのだった。

そのため、改修に当たってもこの構造体を切断して免震構造とするよりは、耐震補強を行なって安全性を高めた方がよいという判断になった。改修工事に伴って庭に面して増設された広間は、岩崎小彌太ホールと名づけられた。植治の庭、建物、そして館の主の記憶が、それぞれに継承されつづけることになったのである。

6章　数寄者たちの創造のあり方

七代目小川治兵衛の設計・施工の組織

わが国の庭園、造園の世界をほとんど支配したかに思われる小川治兵衛とは、そもそも一体どのような存在なのであろうか。「万能の天才」といった、個人的存在であったとは考えられないし、すべてを命ぜられたままに行なう「職人」でもなかった。

彼の存在には、庭園という世界における個人のあり方、近世から近代に移行する時期における組織のあり方が、見られるように思われる。ここで、小川治兵衛の存在形式をまとめておきたい。

小川治兵衛として活躍したのは、七代目といわれる小川治兵衛である。植木職というものは、施主のもっとも私的な世界に関わるだけに、出入りの職人でありながら、施主の社会的様式を演出し、提供する役割を担うものでもあった。植治が多くの仕事をなしたのは、彼が山県有朋、住友吉左衛門友《とも》純《いと》、西園寺公望、大原孫三郎など、近代日本を建設していった有力な施主たちに気に入られたからであった。

丹羽圭介の懐古によれば、

「そう云ってはおかしいですが、あの人は立派な人に付き合うのに呼吸がよく解ってる人でした。一体植木屋と云うのは印半纏で走り廻っているのが一通りでありますが、あの人は親しく膝を交えて話をきき話をする方で西園寺公、その他山県、岩崎と云う様な紳士に接するには仲々うまい所があったのです。そしてまああまりに下卑なやり口でないものですから従って信用も厚くなり成功もして来たのです。」(『小川治兵衛』)

ということである。そしてそれを「円転滑脱」と表現している。

光雲寺の住職は、西園寺公望が京都滞在中に気を許していたのは、内藤湖南、植治、西川一草亭くらいであったといっている。

ここに見られるような、数寄者と出入りの数寄屋棟梁や庭師などのコンビネーションは、明治から昭和戦前期にかけて、数多く認められる。

たとえば、第一銀行などを創設した渋沢栄一の、東京・飛鳥山の邸宅は柏木貨一郎(号・探古斎)という数寄屋棟梁の設計した和風大邸宅であったし、三菱財閥の岩崎家には岡本春道という数寄屋の指南番というべき人物が控えていたし、住友家には八木甚兵衛という数寄屋大工がいたし、彼らよりは少し時代が下がるが、三井家関係の近代における和風文化のスポークスマンとしては高橋義雄(号・箒庵)がおり、数寄屋棟梁としては仰木敬一郎(号・魯堂)がいた。彼らはみな、数寄者であるパトロンたちと互角に対峙できるほどの見識をもち、同時に実際に数寄屋をつくりあげるための技術力をもっていた。

こうしたひとびとは、近代的パトロンとして力をつけてゆく財閥や資本家、政治家たちのために、近世的な教養をバックとして、彼らのための和風表現を実現する人物であった。彼らがパトロンたちと互角に対峙できたのは、近代のパトロンの求めていた表現が、近代以前に根をもつ和風のものだったからである。いいかえるなら、パトロンたちの方が数寄屋棟梁たちの世界に、自分たちの文化表現を委ねようと寄り添ってきたからなのである。そこに、日本の近代が求めた私的な文化表現の本質がさらけだされている。

明治以降の文化のパトロンとなった実力者たちの多くは、近代的知識、すなわち「洋才」を、近代的国家システムのなかに適用することによって、その地位を築いてきた者たちだった。住友友純と西園寺公望をのぞけば、パトロンの多くはその出自からして、近代以前の文化に対する知識と教養においては、何ら誇るべきものをもたなかった。

「和魂洋才」というイデオロギーが、近代日本、そしてそれを支えていった実力者たちが、ともに陥りかねないアイデンティティ・クライシスに対処するための、ほとんど唯一の対抗手段である以上、彼らが文化的に自己の存在を確立しようとするならば、必然的に彼らは近代以前の日本の文化的教養に根ざした何物かをつかまなければならない。数寄屋棟梁・茶匠・庭師そしてある場合には能楽師らは、彼らが必要とする文化表現の宝庫の扉の鍵をもつ金庫番のような存在であった。こうした金庫番たちを前にしたときには、パトロンたちもまた明治政府の顕官あるいは財閥の幹部であることをやめ、殿様あるいは旦那として振る舞えるのであった。それは彼らが公的な場においては洋服を着用するものの、私邸に戻ったときには和服に着替えていたことに、正確に対応する生活様式だった。

数寄屋棟梁・茶匠・庭師の側は、それでは近代以前の文化に対する知識と教養だけを拠り所にして、パトロンたちに対峙していたのであろうか。決してそのようなことはなかった。彼らはそれぞれの領域においてそれなりの近代化のプロセスを歩みながら、パトロンの文化を表現するバックグラウンドを構築していたのだった。逆にいえば、そうした「近代化」を行ない得た数寄屋棟梁・茶匠・庭師のみが、近代化過程のなかで生き残れたのである。庭師小川治兵衛の作庭のスタイルと活動の軌跡は、彼がどれほど近代的なセンスの持ち主であったかを示している。おなじように数寄屋棟梁たちも、「近代」という新しい時代が必要とする「伝統」を用意したのだった。それは伝統を体現する権威ではあるが、近代の表現としての伝統を実現するに足る、新しさを兼ね備えた存在であった。

七代目小川治兵衛の「配下にはじつにそうそうたる方がおり、石組みの達者があり、植樹の名人がいて、植治の造園に大きく寄与したのでありました」、植治の配下としては、「ひところは、百五十人位も使っていたようで、その中にはたしかにひとかどの庭師で通る人がおり、このような人を使いこなすことは、それも特殊の技能で、ただ庭がわかる、設計が出来るというだけでは不十分かと思う」と光雲寺住職が述べるように(『小川治兵衛』)、小川治兵衛とは、個人であるとともにひとつのチーム、集合的創造組織であった。

これまでも、折に触れて述べてきたように、七代目の長男小川保太郎は白楊といい、七代目の跡を継ぐべき存在であった。丹羽圭介はこう述べている。

「又材料を集めることにつきましてはその人の息子に小川白楊と云うひとがありました。これが趣味者でして、多少考古学的なことにも趣好もあり、方々の古い樹石を集めたりして、之を常に貯え適切なところに応用するところなども父子ともにはからってやって居りました。こうしたことも所謂京都的雅趣を追う古人の風以外に拡大したところにあったわけでありまして古い灯籠や立石などを応用して公園的の庭をつくる事には率先して早くからやり出したのであります。かくして京都のみでなく東京にも四国関西にも大きい庭園をつくると小川氏に相談する様になり、従って手下の肝煎にも有力な巧みな人を随分そだてて居られたのであります。」(『小川治兵衛』)

七代目植治の四代後にあたる現在の一一代目小川治兵衛もまた、白楊についてつぎのような点を指摘している。

写真を好んだこと。名園写真集である『京華林泉帖』をまとめる。

古瓦、灯籠、絵巻物の研究などを行なう。

祇園の道具屋のクラブ「関西道具」をつくり、売買を行なう。

玉突き、ゴルフにも趣味をもつ。

こうしたエピソードから窺われるものは、モダンなセンスに満ちた次世代の後継者像であったが、

本廟石柱は小川治兵衛寄進による

図6-1　小川治兵衛・白楊の墓所（仏光寺）

七代目に先立って、彼はわずか四五歳の若さで一九二六（昭和元）年に没してしまう（図6―1）。しかしながら七代目小川治兵衛を中心とする造園集団は、白楊という跡つぎを失なっても、七代目の没年にいたるまで、集団としての結束を誇りつづけたようである。

七代目の最晩年にあたる一九三三（昭和八）年前後の植治の組織について、植治のもとで山根徳太郎家出入りの仕事などを担当していた小谷喜一が、つぎのように述べている（『小川治兵衛』）。すなわち植治の職人は三段階の組織に分かれていた。

・㊁会　少年時代から植治に住み込んで技術を学び別家した人たちの会である（「二引会《にびきかい》」と、呼ぶ）。

・親睦会　「植治」と書いた印半纏を着用してお得意先に行ける責任者の会である。

・親儀会　この会の人たちが抜擢されて親睦会員となるのである。選考は㊁会が行なうのであった。

この紹介の後、「当時活躍されし方々（順不同）」として、八九名の人びとの名が列記されている。昭和初年において、百名近い職人軍団を率いて、全国規模の造園事業を展開した七代目小川治兵衛は、近世的な数寄屋棟梁・茶匠・庭師のあり方から、近代的職能集団へといたる過渡的段階もしくは中間的形態の組織であった。

庭園によっては息子の白楊、甥の小川和男や岩城亘太郎が出張したが、七代目小川治兵衛在世中の仕事はすべて植治の仕事であり、七代目が責任をもった仕事と見るべきであろう。繰り返すようであるが、庭師の仕事は画家や彫刻家が作品をつくるのとは異なり、職人集団による集団製作である。そこに七代目小川治兵衛の名が添えられるのである。

小川治兵衛の隣りに居を構え、工房を構えていた並河靖之の七宝製品の下絵を描いていた中原哲泉が、植治のために庭園の図面を描いて提供していたことが知られているが、これもまた、近代的設計施工一貫体制への萌芽というわけではなかったようである。中原は並河の右腕といわれるほどの職人で、並河の工房を仕切るコンサートマスターのような存在であったらしい。有線七宝の特徴である銀線による模様の輪郭を念頭においた中原哲泉の下絵は、そのまま製作に入ってゆけるものであったという。彼が植治に庭園の下絵を描いたのも、同様の条件、すなわち造園の技術的制約を飲み込んでのことであったろうが、それでも彼は職人的興味から関与したというに留まって、分業体制を組んだというわけではなさそうである。

京都大学が西園寺公望の旧別邸であった清風荘の建造物調査を行なった際、住友史料館が所蔵する

『清風荘史料』に基づいて、小川治兵衛の配下の職人たちがどのようなかたちで清風荘の庭園づくりに参加したかを分析している。清風荘の場合、植治は造園のみならず、徳大寺家出入りの数寄屋大工・上坂浅次郎を紹介して中門の仕事を行なわせているし、曳き屋工事も担当している。

造園関係では植木職人、土方職人、石材工事職人、庭園掃除・草抜き雇人などの出入りが認められ、これらの諸職人たちは植治の配下として参加していたと考えられる。植木職人は一九一二（大正元年）年一〇月から一二月中旬には、一日当たり約六人が出勤し、日常の庭園の手入れと主屋建設にともなう庭園の整備を行なっている。この後、植木工事などの庭園改修工事が本格化したと思われ、出入りする職人の数は徐々に増加してゆく。そのピークは一九一三（大正二）年三月二二日で、この日は一九人の職人が出勤している。その後植木職人の数は再び減ってゆき、この年の七月には二人程度になる。したがってこの少し前に庭園改修工事は終了したと考えられる。このあと一〇月までは二人から四人の職人が出入りしており、これが日常的な庭園の手入れに必要な人数だったと考えられる。

土方職人は一九一二（大正元年）年九月中旬から一二月中旬までは一日当たりおおよそ五人であったが、この月の下旬から翌年二月にかけては約七人にふえ、その後また減少して四月下旬以降は年内いっぱい、一日ひとりとなってゆく。土方職人の人数は植木職人と似た増減を描いているが、土方職人の方が庭より一足早く峠を越えていることがわかる。

石材工事職人は一九一二（大正元年）年一〇月から一二月まで、毎日四人が出入りしている。この時期、庭石の据え付けや移動が行なわれていたのであろう。

このほか庭園掃除（女雇掃除）・草抜き雇人などが出入りしており、最大で一日六人が出勤している。しかし平均すると毎日二人というのが多く、この二人が庭園の掃除や手入れを日常的に行なっていたのであろう。

こうした職人たちの手配と管理を総合的に行なっていたのが小川治兵衛であり、その範囲は造園だけでなく数寄屋普請や曳き屋工事などにも及んでいたことが知られる。さらには、植治が敷地取得の斡旋や借家経営の手配なども行なっていたことが知られており、住友本家と直接コンタクトをとることのできる立場にあったことが知られている。彼は専門工事の下請け職人というよりは、数寄屋普請全般に関わる全体的な手配を行なう存在であった。しかしながらその位置は、住友家の当主・住友春翠との個人的信頼関係に基盤をもつものであったようであり、総合建設業あるいはアセット・マネージメントを行なうエージェントというかたちでの、近代的業態をもつものではなかった。

結果的に植治は近代的職能集団に発展することなく、中間的形態の組織に留まったが、これは白楊の早世によるものかもしれない。植治に代わって、次の世代において近代的職能集団への発展を遂げたのは、七代目小川治兵衛の甥である岩城亘太郎だった。叔父のもとで修行を積んだ岩城は、熱海の岩崎小彌太別邸陽和洞、そして東京周辺に多くの庭園を依頼する長尾欽弥の庭園などを七代目のもとで担当して、戦後独立してゆく。若い頃には、滝の石組みを学ぶために近畿の名勝地、赤目四十八滝を歩き回ったと語る岩城は、戦後は重機を用いた大庭園やゴルフコースの造成や、屋上庭園などの施工によって、近代造園業を確立してゆく。赤目四十八滝に学ぶ滝の石組は、象徴主義の滝ではなく自然主義の滝である。ここに植治からの流れがあるのだ。

しかしながら中間的形態の組織に留まったからこそ、七代目小川治兵衛の仕事はパトロンとの私的世界をまもりつづけ得たのであった。じつはこうした近世と近代の中間的形態の組織集団は、近代化のプロセスが萌芽的であった段階では、しばしば見いだされていたもののようである。数寄屋棟梁・茶匠・庭師らの世界とは対極的と思われるであろうが、わが国に西洋建築をもたらしたお雇い外国人ジョサイア・コンドルが、実際の建築設計・施工においては、直接的に職人グループを率いて直営工事に近いかたちで施工していたらしいことが知られている。

映画監督小津安二郎のもとで名キャメラマンとして知られた厚田雄春の父は、ジョサイア・コンドルの率いる職人集団の一員だったらしく、その集団についてつぎのような回想を残している。

「そのころ（厚田の生まれた明治末年頃）、英国人でコンデルって人がいまして、西洋式の建築の指導をしたらしい。岩崎家とか島津邸、そういうお屋敷をみんなやっていますが、その人がコンデル協会ってのをつくって、これが会員制で、父はその会員になって水道工事の仕事をしていました。」（『小津安二郎物語』）

ここには個人によってつくり上げられる芸術とはジャンルを異にする、建築という世界を実現するための職人組織があったのである。ジョサイア・コンドルがここから発して近代的職能集団を形成することはなかった。総合建築請負業すなわちゼネコンをつくることがコンドルの目標ではなく、近代的職能集団ではない中間的形態の組織こそ、コンドル個人のビジョンを実現するための集団なのであった。自らのイメージを実現するためには、多くの職人たちのチームが必要だったということである。

小川治兵衛とともに仕事を行なった建築家のひとりである大江新太郎の周囲には、彼の技倆を慕う職人集団、「江流会」という組織があったというし、戦後の日本建築界に多彩な建築表現をもたらしたことで知られる建築家・村野藤吾もまた、自己の周囲にさまざまな下請け企業グループ、職人集団をもっていた。小川治兵衛にとっても、自らの配下にそうした集団の存在があってはじめて、近代に突入しつつあった時代に要求される、大規模な庭園が実現できたのである。この時期、七代目小川治兵衛とは、個人としてのビジョンを実現する、近代直前の社会にしか生まれ得ない集団組織だったというべきであろう。

総合的プロデューサー仰木魯堂

このようなあり方を示す、もうひとつの例をあげよう。それは仰木魯堂《おうぎろどう》である。彼は本名を仰木敬一郎といい、幕末の一八六三（文久三）年に今の福岡県に生まれ、一九四一（昭和一六）年に七九歳で亡くなるまで、多くの数寄屋普請に関わった人物である。彼の事務所の支配人として師事した藤井喜三郎が、その回想録『艸居庵記』に記すところをもとに、魯堂の軌跡の概略を追ってみよう。彼は一九〇二（明治三五）年京橋区南鞘町に居を構え、大甚とよばれていた数寄屋大工の鈴木甚三とその父、茂吉らを用いて、数寄屋の仕事に携わりはじめていたらしい。一九〇七（明治四〇）年に仰木建築事務所を設立して、本格的に数寄屋普請に携わるようになった。

『艸居庵記』を記した藤井喜三郎は、この事務所の支配人に一九三七（昭和一二）年に就任したと述べており、この年は事務所設立三〇周年にあたっていたという。

「仰木魯堂先生が数寄屋建築家として世に出る切っかけは、明治四十四（一九一一）年小田原市郊外風祭に、石油で財をなした中野氏の別荘を完成したのが発端であります。小田原に明治三十九（一九〇六）年、益田氏の掃雲台、明治四十（一九〇七）年、山縣氏の古稀庵が営まれることによって、財界の人々の間で小田原に別業を構えることが流行したのでした。」

ここに云う「中野氏」とは新潟の金津で石油採掘を行ない、「石油王」と呼ばれた中野貫一のことである。彼もまた建築には人一倍情熱をもっていた人物で、新潟における本邸は現在、中野邸美術館となって公開されているし、東京でも銅御殿として知られ、国指定の重要文化財となっている邸宅を、それを建設した磯野敬から譲り受けて所有していた時期がある。磯野は当時二一歳だった若い棟梁、北見米造にこの普請を任せたのだった。木造三階建て、屋根や外壁全体に銅板を貼ってあるところから、銅御殿の名が生まれた。

銅御殿はその後、大谷重工業を起こした大谷米太郎の息子、大谷哲平の所有となり、現在は大谷美術館の所有となっている。ちなみにこの大谷美術館は、ジョサイア・コンドルが建物を設計し、小川治兵衛が庭園を手がけた古河虎之助邸を所有することでも知られている。数寄者や富豪たちの世界はさまざまな糸で幾重にも結ばれつづけるようである。

また、『艸居庵記』がいうように、この時期の小田原には御用邸があり、益田孝（号・鈍翁）、山県有朋らの巨大な別荘があり、それ以外にも大倉喜八郎（号・鶴彦）、海軍大将で益田孝の義弟にあたる瓜生外吉、野崎広太など、数多くの有力者たちの別邸が蝟集する地域となっていた。彼が中野貫一別邸をつくり上げた小田原の地は、仰木魯堂にとって自己の才腕を示すまたとない舞台となったであろう。

仰木魯堂は団琢磨（号・狸山）、益田鈍翁、高橋箒庵など、三井系の財界人の茶道趣味に深く関わった。こうした三井系の財界人に魯堂を紹介したのは長州出身の杉孫七郎であったという。魯堂が杉の愛顧を受けたことが後の活動の拡大につながった。杉はおなじ長州の井上馨と親しく、三井の後見人といわれた井上と三井の間の潤滑油の役割を果たしていたのが杉だったといわれるからである。また、団と魯堂はおなじ福岡の出身という共通点があった。

仰木魯堂は、昭和前期の数寄者のスポークスマンといわれる三井出身の高橋箒庵が、檀家総代として茶道による再興を図った東京音羽の護国寺に、多くの茶室を造り、客殿である月光殿を移築し、多宝塔を建立したことで知られる。また後年、横浜の原富太郎（号・三渓）、そして松永安左衛門（号・耳庵）らとも親しく交わった。しかしながら彼が仕事をした東京都心の大邸宅の多くは、いまでは再開発されてしまい、その作品もまたすでに失われてしまったが、音羽の護国寺、広尾の香林院、箱根の強羅公園などに、その茶室を見ることができる。

「建築、作庭、道具の鑑識に長じ、茶事の差配にたけて」いたといわれる仰木魯堂は、ひとつの技能に通じた職人ではなく、総合的に数寄の世界をつくりだすプロデューサーだったといえよう。

『艸居庵記』が伝える仰木魯堂の仕事ぶりを見てみよう。

「仰木先生の木割は、とくに厳格でした。先生はいつも『木割は口でいってもわからん。図面に書いてもわからない』とおっしゃって、自ら指図なさいました。大詰めになりますと、仮ごしらえの普請場に畳を敷かせて、そこへ坐られるのであります。坐った目の高さから、細部の寸法を割りだしていくのでした。この方法には一定のきまりや理論があるわけではないのであります。そのときどきで、微妙に寸法が違うのであります。」

これに似た小川治兵衛の仕事の様子を、『小川治兵衛』のなかで、昌蔵院住職がこう述べている。

「名人堅気《ママ》の人でした。いつもセルの袴を着用して、つむぎの消し紋の羽織を着ていました。わたくしのところの玄関をつくった時です。松の木を一本植えましょうといって、縁側にわたしの父母といっしょに腰をおろして、弟子の植えるのをみていましたが、突然『この植えかたは面白くない』と言って、羽織・袴のまま片棒をかついでやり出しはじめたのです。父母が『何とまあ、変った人やなあ、名人かたぎというのやなあ』と話していたのを覚えています。」

仰木魯堂も植治も、大局と細部とをともに具体的に把握でき、具体的に指図するのである。ひとつの領域だけにとどまる職人ではなく、職人と施主をつなぐ総合的な立場に立てたのが、彼らだったといえよう。そうした存在の周囲には、小川治兵衛の例に見られるように、多くの職人集団が集まっていたのである。ちなみに、魯堂にはじめて小田原での仕事を任せた中野貫一が所有した銅御殿の棟梁・北見米造はのちに大工から茶道家へと変身している。彼もまた、数寄の世界の総合的プロデューサーになっていったのである。

一九二八(昭和三)年という遅い時期ではあるが仰木魯堂のために建立された石碑が、護国寺境内にひっそりと立っている。それは筑波山石の自然石にこう刻んである。ここには数寄屋普請の綜合プロデューサーというべき魯堂を支えた数多くの職種の職人たちの名前が刻み込まれているのである。

魯堂

沙門　良行　筆

そしてこの碑の脇に、それを立てたひとびとの碑文と名前を刻んだ小さな石が添えられている。そこにはこのように刻まれている。

碑文[左後方]
[正面]
魯堂先生姓仰木名敬一郎ト称へ北筑ノ出身建築ヲ以テ業ト
セラル本邦古代建築ノ造詣最モ深ク殊ニ築庭ノ蘊奥ヲ究メ
之ヲ近代的ニ応用セラレルコト實ニ妙処ニ到ル其性温情ニシテ
人ヲ愛シ二十有餘年来従業諸方ヲ薫育セラルコト慈父ノ子

ニ接スルカ如シ時恰モ上極ノ大典ヲ挙行セラルノ佳辰月光殿ノ
移築ヲ了スルノ好期ヲトシ有志相謀リ聊カ頌徳ノ意ヲ表セ
ンタメ先生愛好ノ筑波山石ヲ以テ其碑ヲ碣シ特ニ良行僧正ノ
霊筆ヲ乞ヒ以テ報恩ノ微意ヲ標ス矣

昭和三年十一月建之

東父岡勇之助　時田安五郎
発起者世話人　清水　鐵太郎　林　常太郎
山本　貞次　蓑原善次郎

［西面］
仰木建築事務所内
應宜會　　　　　　　　　贊助員芳名
瓦師　東父岡勇之助　仰木建築事務所　蓑原善次郎
表具師　清水　鐵太郎　仰木建築事務所　大柴　喜壯
畳屋　時田　安五郎　仰木建築事務所　川西　萬吉
水道工事請負　山本　貞次　仰木建築事務所大工棟梁　本間　梅造
建具師　藤井　茂　仰木建築事務所大工棟梁　古川　常吉
電気工事請負　土屋　和吉　仰木建築事務所大工棟梁　坂爪　清松

［北面］
コンクリート工業　林　常太郎　仰木建築事務所世話方　小林　源六
左官　尾高　又一郎　大工　原田七三郎
左官　川瀬　榮次郎　大工　本間　権平
木材商　堀田　金太郎　大工　小林　作平

木材商　伊藤　八十吉　大工　小西儀三郎
植木下入師　柳田　徳太郎　大工　込山民三郎
植木職　飯田　八十八　大工　松田[redacted]一
石工　佐藤　茂　大工　荻原　壮蔵
庭園職　関野　稟三　大工　田　近司
庭園職　関野　才一　大工　末廣政之助
鉽力職　門奈　奥造　大工　田代　正作
建具師　南谷　熊吉　大工　田代　源吾
木挽　鎌田　万造　大工　本田長三郎
電気工事請負　黒川　儀一郎　大工　五十嵐幸吉
庭石業　鈴木　邁

特別賛助会員芳名

工藝家　仰木　政斎　鳶頭　福井安五郎

[東面]

画家　伊野　誠信　材木商　伊藤　孝市
陶匠　大野　鈍阿　風呂製作　鶴岡傳兵衛
塗師　渡辺　善三郎　拭屋　植村仙太郎
塗師　生島　東吾　人造タイル職　細谷　清
洋家具屋　寺尾　們　運送業　土屋　市郎
建築金物商　田中　嘉七　畳業　廣瀬福次郎
建築金物商　吉川　利三郎　庭石業　中澤六之助
鳶頭　内田　林三　家根職　水野平次郎

これを眺めるなら、仰木魯堂にもまた、職人集団というべき一群のひとびとがおり、その広がりは建築、庭園、工芸のすべてに及ぶものであったことが知られるのである。ちなみに、特別賛助会員となっている工芸家・仰木政斎は魯堂の弟であり、帝室技芸員となった木彫家である。また、陶匠・大野鈍阿とあるのは、三井の大番頭であった益田孝のもとで鈍阿焼きという茶陶を制作していた人物である。また、ここに鉱力職や人造タイル職、洋家具屋、建築金物商なども含まれていることは、魯堂の世界が近代和風というべき折衷的な数寄屋世界にあったことを教えてくれる。

七代目小川治兵衛のあり方を知っておくためには、こうした数寄屋世界の広がり、建設業の世界の広がりを述べておくことも必要だと思われるのである。

7章　最後のパトロン

長尾欽弥

小川治兵衛の晩年に、ある意味では彼にとって最大のパトロンのひとりが出現する。それは「錠剤わかもと」という薬を売り出していた長尾欽弥である。「わかもと」とは「若素」であり、ビールの搾りかすからつくられた酵母による栄養剤、胃腸障害を防ぐ薬であった。一九二九（昭和四）年、芝大門脇の浄運寺の庫裏に、女工一三人を雇って製造をはじめたのがその出発だという。「若素」は『婦人倶楽部』に広告を載せたりして宣伝に努め、見る見るうちにその販路を全国に拡大していった。その後一九三一（昭和六）年に「若素」は「わかもと」と名前を変えた。その販売に「わかもと本舗・栄養と育児の会」を組織してさまざまな顧客サービスを行なったことも、「わかもと」人気を盛り上げた。

「わかもと」製造開始の翌年、長尾欽弥は東京世田谷の桜新町に五〇〇坪の邸宅を構える。この邸宅はその後拡大をつづけ、八〇〇〇坪近い大邸宅となってゆく。

この館の主である長尾欽弥は一八九二（明治二五）年、京都府相楽郡湯船村射場に生まれ、ニキビ治療の美白クリーム、ベーリンという新薬で儲けたり、アスピリンの製造を行なったりしてきたものの、一九二〇（大正九）年の恐慌で危機に瀕していた。それが「わかもと」の大当たりで、あっという間に新興成金になったのである。

「わかもと」は戦前に売れただけでなく、戦後、長尾夫妻の手を離れてからも「強力わかもと」として売れつづけた。リドリー・スコット監督の一九八二年の映画「ブレードランナー」には、二〇二〇年頃をイメージしたという日本めいた未来都市のなかに女性の顔と「強力わかもと」という広告が不思議なイメージとして登場する。謎めいた多くのイメージに満ちた近未来映画として根強い支持を受けつづけている「ブレードランナー」に現われる「強力わかもと」は何を意味するのか。日本のファンのあいだでは、さまざまな解釈が飛び交ったようである。この映画の上映イベントのなかには、来場者に「強力わかもと」を配ったものもあったという。「わかもと」の存在感は、こんなところにも奇妙に現われている。無論実際には、「強力わかもと」の登場は外国人による恣意的イメージ選択の結果であろうが。

さて、長尾欽弥の夫人は長尾よねといった。よねは一八八九（明治二二）年に浅草馬道町に生まれた。欽弥より三歳年長である。彼女の背景は謎の部分が多い。維新の志士のひとりであり、明治政府の顕官となった田中光顕が後に彼女を娘として認知しているというが、本当のところはわからない。

母親は志かという。志か三五歳、田中光顕四七歳のときの子になる。彼女は一五歳のとき、表具師をしていた伯父、八百吉とともに京都に出て、一八歳になったときに祇園でお茶屋を開いたという。ところがすぐに東京帝国大学工学部土木学科卒業という川田亦次郎と駆け落ちして、東京に戻ってくる。川田亦次郎は土木関係でかなりの収入があったというが、よねには金銭感覚が乏しく、生活はきびしかったという。そして一九二六(昭和元)年頃、川田が長尾欽弥をよねに紹介したらしい。先にも述べたように、長尾は製薬事業をあれこれ試みている最中であった。よねは川田と長尾といっしょに、田園調布に家を借りて、奇妙な共同生活をはじめる。

「若素(わかもと)」が発売された年の一二月、よねは川田亦次郎と離婚する。しかしながら二人の関係は途切れてしまうわけではなく、川田は「わかもと」の経営に関与しつづけてゆく。一方、長尾欽弥とよねは一九三三(昭和八)年一二月、婚姻届を提出する。長尾、よね、川田の関係はこうした変化の後も、ふしぎに継続してゆく。だが、ここで彼らの心理劇を分析することはテーマではない。長尾夫妻が小川治兵衛に庭園をつくらせていった軌跡がここでの主題である。

これまで見てきた植治のパトロンたちは、成功した自らの人生の富を庭園に注ぐことによって、自らの私的世界にも、成功した人生の豊かさをもたらしたいと考えていた。しかしながら植治の庭園は、パトロンの公的世界の活動の場としての性格も帯びる。それはある場合には政治の庭となり、経済活動上の密談の場ともなり、人生のハイライトをなす御成り御殿ともなるのである。

長尾夫妻は植治の庭園群をつぎつぎにつくり上げることによって、歴史の舞台を用意した。そして数多くの演者をその舞台に招じ入れ、歴史が演ぜられるのを見たかったのである。姐御肌であったという長尾よねが、こうしたドラマを動かす原動力であったにちがいない。そこに、彼らの心理劇もまた、歴史の動きとおなじように進行していたのであろう。

桜新町の本邸は建築家・大江新太郎と庭師・小川治兵衛によってつくり上げられていった。大江は帝大出の建築家であり、日光東照宮の修理に携わり、伝統的建築を知り尽くしていた。小川治兵衛とともに行なった仕事としては、すでに見てきたように、東京麻布鳥居坂の岩崎小彌太本邸が有名であった。

長尾夫妻は桜新町本邸のほか、鎌倉の鎌倉山、そして琵琶湖のほとり、滋賀の唐崎にも別邸を営んだ。それらはすべて小川治兵衛の手によって庭園がつくられてゆく。しかしながら実際に桜新町の庭園を担当したのは、植治の甥であった岩城亘太郎である。岩城は京都では野村得庵の碧雲荘庭園に参加していたし、長尾家関係の庭園のすべてに関わった。小川治兵衛から、彼の息子白楊、そして甥の岩城へと、植治のしごとは拡大しながら引き継がれていたのである。

かつてわたくしが行なった岩城亘太郎からの聞き取りによれば、小谷栄太郎が筆頭の職人で、住友の出入りには竹島万次郎、岡山では黒田久吉、諏訪舜吉が活動し、伏見には土井達夫が行っていたという。長尾家の唐崎の別邸には井上正治が参加していたとのことであった。こうした多くの職人たちが植治のもとには集まっていたのである。

長尾家の桜新町の本邸は好田荘、鎌倉山の別邸は扇湖山荘、滋賀の唐崎の別邸は隣松園といった。好田荘については宜雨荘という名であったという証言もある。好田荘という名は、岩城亘太郎の証言による。彼の話では、職人仲間で長尾家の庭園群を、「臨終（隣松）だから、香典（好田）もって線香（扇湖）上げにいこう」という地口で呼んでいたという。こうしたエピソードとともに聞いた好田荘という名前には、信憑性が感じられるのである。一九三一（昭和六）年から三四（昭和九）年にかけて、矢継ぎ早に大邸宅と大庭園をつくりつづけた長尾欽弥の財力はどこに由来するのか。「わかもと」の爆発的な売れ行きがそれを支えたものであることは明瞭だが、そこから派生していった政治的影響力、あるいは政治に対するパトロン意識ともいうべきものは、どのような背景をもつのだろうか。

作家の筒井康隆は二〇〇一年に『わかもとの知恵』という本を書いて、その原型が『覚えて置くと一生得する重宝秘訣絵本』（一九三八（昭和一三）年、わかもと本舗・栄養と育児の会刊）であることを記している。そしてその頃、「わかもと物識絵本シリーズ」が十冊ほど出版されていて、『陸軍ものしり絵本』『海軍ものしり絵本』『日本躍進絵本』『小学生心得絵本』という軍国主義的な絵本や、『地理ものしり絵本』『記憶うた絵本』『手工遊び絵本』などがあり、いずれも時好に投じた内容のものだったと述べている。「わかもと」は乳幼児の栄養剤としてだけでなく、時代に乗ったプロパガンダを繰り広げていったのである。そして実際、日本の大陸侵攻とともに、軍への「わかもと」の納入が増加していった。長尾欽弥は戦闘機を献納して軍に対する協力を惜しまなかった。

これに関連するかとも思われる回想を、戦後になってから、菅原通済が残している。

「その後、不発に終ってよかったが何も知らぬ私を口説いて阿片購入の許可を取ろうと願出たのが「わかもと」の製造元長尾欣《ママ》弥で、大正末期から昭和はじめにかけ、第一回は幣原内閣の厚生大臣芦田均が鎌倉の私の宅にいたのを好機として、隣りにいた長尾が何とかして芦田に取り入り阿片輸入の許可を願出た。

何も知らぬ私は、何千万でも何億でも運動費を出すというので、あまりの大金にかえって驚ろきよく調べたら、わかもとに阿片を入れると習慣性となり仁丹と同じ効果のあることがわかり、別に人道上などという大それた考えもなく断わってしまった。

長尾は軍部に取り入ってわかもとを常用させ、巨利を得ていた故知を戦後も阿片にふり向ける気持ちだったものとみえる。」（『通済自伝』）

この文章は一九五二（昭和二七）年のものと付記されているので、戦後の話であろう。全体に信憑性に乏しく、単なるうわさに近い。

晩年に「三悪追放」と称して、麻薬・売春・性病の撲滅を提唱していた菅原通済が、こうした話を吹聴すること自体、いかにも眉唾物である。しかしながら菅原が開発した鎌倉山の住宅地に芦田均は住んでいたし、長尾欽弥の別邸扇湖山荘も鎌倉山にあるので、「隣りにいた長尾」という部分は事実である。

たしかに長尾欽弥は昭和初期、政治家、軍人との付き合いを深めつつ、ビジネスの発展を図りつづ

図 7-1　長尾欽弥桜新町本邸好田荘庭園

けていた。長尾家の手を離れてかなりの時間がたった昭和末年にも、扇湖山荘には元帥海軍大将永野修身が揮毫した扁額が飾られていたのを、わたくし自身、目にしている。長尾は日本の大陸侵攻のなかで、軍に深く結びつきながら成長した政商であった。こうした人物が小川治兵衛の最後のパトロンとして登場したのである。

長尾欽弥の本邸であった桜新町好田荘は、今は失われているが、地図などによれば大きな池のある広大な庭園があったことが知られる。岩波写真文庫の『日本の庭園』には長尾邸の庭園の部分写真が三図掲載されているので、それによると、ここにはさまざまな意匠の小橋があったらしい。また、「長尾邸の流れには、必要な時だけ水を流す」と解説がついている。池に流す水は水栓の開閉によって調整するシステムであったと、これは岩城

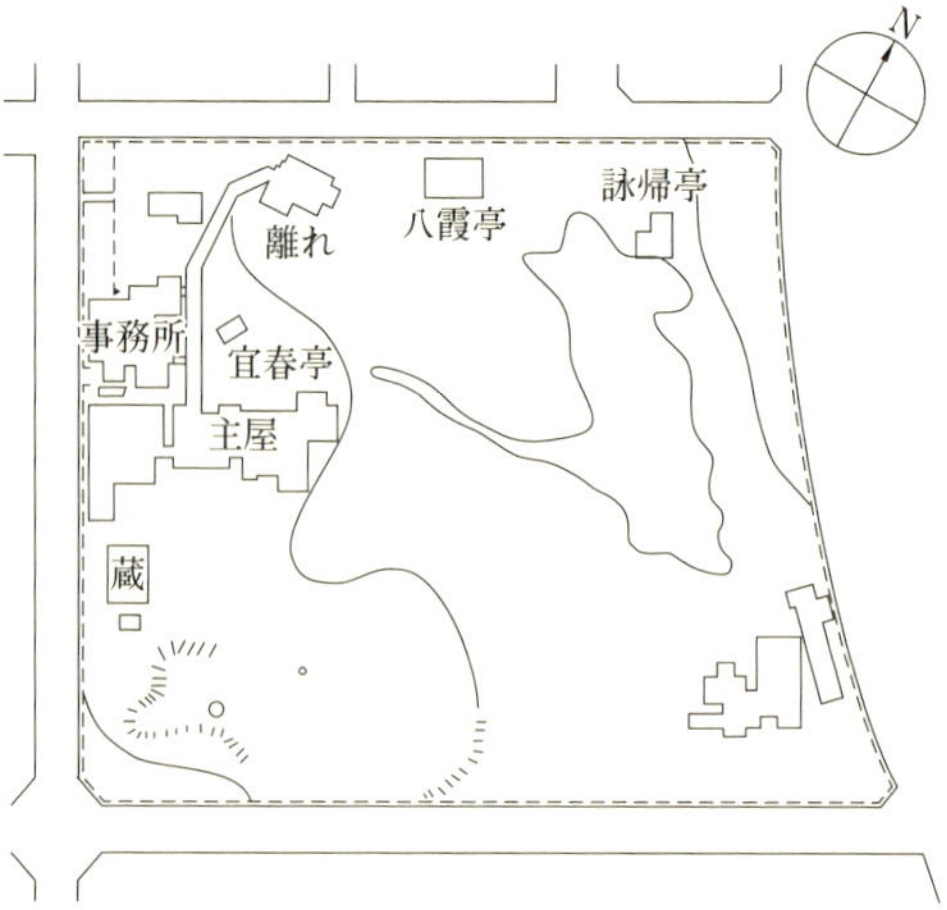

図 7-2　好田荘想像図

亘太郎からの聞き取りのなかでも証言されていた。

東京の郊外住宅地である桜新町に営まれた長尾欽弥本邸好田荘は、外部に借景を求めることはできない。庭園は池と芝原をもつ、開放的ではあるものの、自足的な世界をつくり上げていた。おそらくここは園遊会など、人びとが集まるための場であった（図7―1）。

現在その敷地の一部は都立深沢高校になっており、その校地の一部に清明亭と呼ばれる建物が残されている。これは好田荘内にあった建物の一部であり、大江新太郎の設計によるものであることが知られている。清明亭は長尾夫妻の寝室などを含むプライベートな建物であったらしい。建物は一部が鉄筋コンクリートのプラットフォームの上に載っており、持ち上げられたようなかたちに建てられている。邸宅をこうした鉄筋コンクリートのプラットフォームの上に置く手法は、大江がしばしば試みたものであり、鳥居坂の岩崎小彌太本邸、そして後に見る長尾欽弥鎌倉山別邸の扇湖山荘にも採用されている。残された写真や聞き取りによる配置計画をみると、この清明亭も主屋も、池からは少し距離を置いて配されていて、その分、芝生の原の重要性が高かったように思われる。池に接しては、敷地の北の隅に詠帰亭という四阿が設けられていた（図7―2）。

好田荘は第二次世界大戦後もしばらくの間は存在しつづけており、来日したジョン・D・ロックフェラー三世がこの庭園を絶賛したという話が伝わっている。これが何時のことなのかはっきりしないが、ロックフェラー三世は大江新太郎と小川治兵衛のコンビが手がけた鳥居坂の岩崎小彌太本邸の敷地を、国際文化会館として生まれかわらせる事業に援助を行なっているので、おなじ建築家と庭師の仕事の実例として、ここを視察したのかもしれない。

桜新町は、日本橋に本社をもつ東京信託株式会社が、駒沢村深沢と玉川村下野毛飛地にまたがるおよそ二三万平方メートルの山林を、一九一三（大正二）年に郊外住宅地として開発したものであった。分譲当時は坪一円で売られ、地価の高いところで坪五円であったという。閑静な屋敷町で「東京の軽井沢」といわれたほどだという。排水溝付きの道路を通し、千本余の桜を植えたところから町の名前が生まれた。ここを百数十区画の宅地に分割したといわれているので、一区画はおよそ三〇〇坪ほどになる。お屋敷町というにふさわしい町づくりであった。

こうしたお屋敷町のなかにあっても、八〇〇〇坪近い敷地をもつ長尾欽弥本邸はひと際目立つ存在であったことであろう。周りの人びとはこれを「お屋敷」とか「わかもと」と呼んでいたという。桜新町の歩みをまとめた小冊子のなかで、長沢美明という住人の方が、つぎのような回想を載せている。

「若尾家では毎年各界の名士を招いて園遊会を催し、赤坂の綺麗所が花にも増して目を楽しませてくれましたし、昼花火を打ち上げ紙の大きな人形が、ふわりふわり堕ちて来るのを子供達は長い竹竿で先を競って取り合った良き時代が有りました。」（『私たちのまち桜新町の歩み』）

ここでいう「若尾家」とは、甲州出身の財界人として知られる若尾家ではなく、おそらく「長尾家」である。「長尾」と「わかもと」が混同されて「若尾」となったと考えると、この園遊会の景色のなかに、いかにも派手好みでにぎやかな長尾欽弥とよねのすがたが、生き生きと浮かび上がってくるではないか。そしてその大金持ちの名前がいかにも新興の、耳なれない名前であったらしいことも。

米国庭園倶楽部の来日

一九三五（昭和一〇）年五月一三日、横浜港に着岸した秩父丸から、米国の名流夫人たち総勢一二三名が上陸してきた。この一行は「米国庭園倶楽部」の会員たちで、夫婦での参加者もあったが、大半は女性であった。米国の庭園倶楽部はひとつにまとまっているのではなく、各地に地域ごとの倶楽部をもち、その連合体として米国庭園倶楽部があるのであった。一二三名の来日メンバーは、全米各地に設立されていた五三の庭園倶楽部のそれぞれを代表するメンバーを含んでいた。この一行は、一九三三（昭和八）年に来日した米国庭園倶楽部会長のジョナサン・バークレイ夫人が、当時日米協会の会長であった徳川家達公爵らによって招待されたことを受けて、実現したものであった。メンバーはマサチュセッツ州、テキサス州、カリフォルニア州をはじめ、全国各地方にまたがっていた。

来日した一行に対しては、徳川家達公爵以外に、彼女たちの来日前年に発足したばかりの国際文化振興会のメンバーである近衛文麿公爵らも加わった招待委員会が歓待した。その中心となった日米協会は一九一七（大正六）年に設立された民間の国際交流団体であり、国際文化振興会も同様の性格をもつ団体であった。近衛は米国庭園倶楽部来日の前年、長男文隆が米国での高校留学を終えて卒業する機会に訪米し、日米関係の改善を目指していたところであった。米国庭園倶楽部の来日は、近衛にとって日米関係の将来を決める、きわめて重要な機会であった。

そもそも近衛文麿と米国との関係は、当初いささか異なるかたちのものであった。彼が京都大学卒業後、ほどなくして一九一八（大正七）年一一月号の『日本及日本人』に発表した「英米本位の平和主義を排す」がその立場を示すものであった。近衛が親米的立場にはなかったことは、論文のタイトルからも窺われる。この論文発表の年、近衛は西園寺公望が全権を務めるパリ講和会議の日本代表の随員となる。公家筆頭の近衛家の当主であってみれば、彼が随員に採用されることは当然であった。彼はそうした成りゆきを見越して、「英米本位の平和主義を排す」をこの国際的講和会議に向けて執筆したのであった。

講和会議終了後、近衛文麿はドイツ、ベルギー、英国、米国を回って一九一九（大正八）年一一月に帰国。この後彼は一転して親米的立場を表明し、一家で米国に暮らすという話も持ち上がる。結局こうした米国での生活は実現しなかったが、長男文隆が一九三二（昭和七）年に米国の高校へ留学するということになった。そして文隆卒業の年に、近衛は二回目の訪米を果たすことになったのであった。このときには、すでに近衛は親米的立場に立つ若き政治家となっていた。

日本の政治的地平は中国大陸を巡って危うさを日増しに増加させていた。ドイツ、イタリアとの枢軸を形成してゆく立場と、米英との関係を重視しつづけようとするリベラルな立場は、たがいに緊張感を高めつつあった。そこに実現したのが、帰国の翌年に起きた米国庭園倶楽部の来日である。このようなまたとない機会を得て、徳川家達、近衛文麿らは、民間外交として考えうる、最大規模の歓迎行事を組み上げたのである。米国庭園倶楽部の人びとは、かつてない規模の、影響力のある階層の集団であった。彼女たちを通じて、日本の文化性を米国にアピールし、日米の協調の基盤を形成したいというのが日本側の願いであった。そこに繰り広げられたのは、わが国の政財界を挙げての、日本文化紹介のための数限りない歓迎行事であった。

秩父丸を下船した一行は、横浜の原富太郎の邸宅でのガーデンパーティに招かれ、その後東京に移動して、帝国ホテルで訪問団としての登録を済ませ、レセプションに出席した。

翌日は明治神宮の庭園を訪ね、近くにある故団琢磨男爵の庭園内の田舎家で歓待され、そこから新宿御苑で開催された高松宮主催のガーデンパーティに出席し、霞ヶ関離宮でのティーパーティにも招かれた。この日のディナーは日米協会の招待であった。

このような歓迎の波は、一行が離日する六月二日まで、絶えることなくつづいた。大勢の一行をもてなすために、数多くの邸宅が解放され、一行は分散して昼食に招かれたり、茶会に招かれたりした。訪問先は横浜・東京だけでなく、大宮、日光、箱根、名古屋、京都、大阪、奈良、琵琶湖に及んだ。一行の訪問先と、そこでのパーティの様子をまとめた記録が、『米国庭園倶楽部代表訪日記念写真帖』として存在するので、そこから彼女たちの訪れた庭園世界を知ることができる。少々煩雑になるけれども、それらを列記してみよう。個人名の後に［　］で付記したものは、現在のその土地の様子である。

東京近辺での訪問先

明治神宮／新宿御苑／アメリカ大使館／華族会館／聖路加国際病院／原富太郎［三溪園］／団伊能男爵／幣原喜重郎男爵／根津嘉一郎［根津美術館］／浅野良三／三井八郎右衛門高棟男爵［米国大使館宿舎］／団琢磨夫人ヨシ／三輪善兵衛／福井菊三郎／大倉喜七郎男爵夫人久美子［ホテルオークラ］／原邦造［原美術館］／塩原又策／堀越角次郎／徳川家達公爵／前田利為侯爵夫人菊子［近代文学館］／津村重舎（別邸）／藤田平太郎男爵［椿山荘］／藤山雷太［シェラトン都ホテル東京］

大宮での訪問先

片倉工業織維工場

日光での訪問先

中禅寺湖／日光東照宮／金谷ホテル

箱根での訪問先
岩崎家別荘／藤田家別荘／三井家別荘／富士屋ホテル
名古屋近辺での訪問先
名古屋城／青木鎌太郎／森川勘一郎／浅野甚七／岡谷惣助／伊藤次郎左衛門／関戸有彦／糟谷縫右衛門／鈴木総一郎（別荘龍門）／加藤勝太郎／高橋正彦／松尾宗吾／高松定一
京都近辺での訪問先
京都ホテル／都ホテル［ウェスティン都ホテル京都］／大徳寺／龍安寺／銀閣／桂離宮／西芳寺／天龍寺／金閣／大覚寺／京都御所／二条城／平安神宮／修学院離宮／平井甚兵衛／市田弥一郎（対龍山荘）／渡邊都二／八木清八／住友春翠（有芳園）／野村徳七（碧雲荘）／稲畑勝太郎（和楽庵）［何有荘］
大阪・奈良近辺での訪問先
大阪歌舞伎座／法隆寺／東大寺／春日大社／奈良博物館
琵琶湖近辺での訪問先
琵琶湖ホテル／長尾欽弥［隣松園］

大変煩雑なリストになったが、ここから窺えるものは、当時の庭園評価ではなかろうか。京都の歴史的庭園群はオーソドックスな名庭園を網羅するものであったし（図7―3）、奈良で法隆寺、東大寺、春日大社を巡ったのも、時間の許す限り重要な順に庭園巡りを計画した結果であろう。日光、箱根に足を伸ばしたことも、琵琶湖に向かったことも、きわめて精力的な行程であったといえよう。なお、リストのなかで傍線を付したものは小川治兵衛の作庭になる庭園である。

図7-3　米国庭園倶楽部の龍安寺訪問

こうした歴史的庭園歴訪と並んで、一行が訪れたのがブルジョワジーや華族たちの邸宅である。招待委員会を構成した日本側メンバーは、その多くが大庭園を保持する大金持ちたちであった。庭園趣味が究極の贅沢だといわれることを実感させる旅程である。東京、名古屋、京都ではそれぞれの都市を代表する数寄者たちがもてなしを繰り広げた。一行が琵琶湖に足を伸ばしたのは、そこに営まれていた長尾欽弥の隣松園という、小川治兵衛晩年の作である大庭園を訪れるためであった（図7－4）。

長尾欽弥は、庭園をもつことによって数寄の世界に地歩を築きたかったかのように、大庭園を営みつづけていた。本邸である東京桜新町の好田荘、鎌倉の別邸である扇湖山荘、そしてこの琵琶湖のほとりの隣松園である。当時経済人としての存在感を強めつつあり、近衛文麿と親しくなっていった長尾は、米国庭園倶楽部の訪日に際しては、是非ともその受け入れ側に参加

長尾欽弥夫妻とジョナサン・バークレイ夫人（右）

図 7-4　米国庭園倶楽部の隣松園訪問

したかったであろう。一行が琵琶湖に足を伸ばし、そこで隣松園を訪れたことは、長尾を深く感激させたにちがいない。

ひるがえって庭園倶楽部の行程を見直してみると、京都での訪問先に小川治兵衛が作庭した邸宅が数多く含まれていることに驚く。

都ホテル、平安神宮、市田弥一郎の対龍山荘、住友春翠の有芳園、野村徳七の碧雲荘、稲畑勝太郎の和楽庵はみな、小川治兵衛の作った庭をもつ邸宅である。この時代、植治の庭園を所有することは、財力をもつ数寄者であることの証明なのであった。

こうした歓迎行事を堪能した米国庭園倶楽部の一行はどうしたのか。

彼女たちはきわめてハッピーな旅行を楽しんで帰国した。しかしながら彼女たちは日本庭園の思い出を楽しむだけで、何もしなかった。米国の政財界が庭園倶楽部の訪日によって、日本に対する外交上の態度を変えたというような変化は何一つうかがえない。庭園は庭園であり、米国全土に広がる、静かな趣味の世界にとどまったのである。

近衛文麿を筆頭とする日本の有力者たちが、あり得ないような接待攻勢を繰り広げたのは、このときすでに危うくなりはじめていた日米関係を、彼女たちによって何とか修復してもらいたいと願っていたからだったのだが。

長尾家の庭園をめぐる人びと

桜新町の長尾家周辺には、長尾家の茶道を担当する宗匠、裏千家の鈴木宗保が一九四〇（昭和一五）年以来住んでおり、小川治兵衛の甥で長尾家担当だった岩城亘太郎も近くに仕事場を構え、後には岩城造園の本社としている。長尾の財力の周囲には多くの取り巻きたちが集まったのであった。

鈴木宗保は自らの随想のなかで、こう回想している。

「私が長尾家へ稽古に行くようになったのは、昭和九年であった。

それまで、長尾家には御家元淡々斎宗匠がおいでになっておられたが、何しろ新幹線も飛行機もない時代のこと、御家元としておいそがしい宗匠が、週一回京都からお出ましになることは、とてもご無理なことであった。

長尾家へ代りに稽古に行くようにという御家元からのご命令があったとき、私は内心、これはえらいことになったと思ったものだ。

長尾さんは、宗匠のおっしゃることはお聞きになるがあとの人の言うことはあまり聞かれないという風評であった。」（『茶の湯随想』）

それでも彼は、その後半生を長尾家とともに歩んだ。

長尾よねを娘であると認知していたと言われる田中光顕と出会ったのも長尾邸であったと、鈴木宗保は述べているし、「鎌倉では、田舎家で田中光顕伯にお茶をさしあげたが、そのときから代稽古としてお伺いするようになったのである」とも述べている。また、唐崎別邸である隣松園を田中が訪れたときにも、鈴木は茶の湯の手配をするために同行している。

また、延命会というお茶事の会があり、小林一三、松永安左衛門、畠山一清、石井光雄、団伊能、服部玄三、長尾欽弥、五島慶太がそのメンバーであったという証言も残している。鈴木宗保は、長尾家から広がってゆく貺界における茶の湯を一手に引き受けたのであった。

作家の里見弴、美術史家の児島喜久雄や矢崎美盛、薫山と号した刀剣研究家の本間順治、工芸史に詳しい宮田祥治なども また長尾欽弥夫妻の知遇を得たり、その近くに住んだりした。彼らは桜新町の本邸、鎌倉山の別邸扇湖山荘などに集まり、美術談義を楽しみ宴席をともにした。彼らを使いながら、長尾夫妻は美術品のコレクションを急速に形成していった。絵画、陶磁器、刀剣など幅広い収集品の質は高く、現在熱海のMOA美術館に所蔵されている仁清の藤の花の壷など、華やかなものも多い。

長尾欽弥夫妻は学者たちを取り巻きにしただけではなく、相撲取りもまたその近くに集めた。二所ノ関部屋を贔屓にして、関取の神風を応援し、戦後も初代の若乃花の後援をした。派手なことが好きで、金に糸目をつける必要がなかった長尾夫妻は軍人、政治家、学者、力士たちをほとんど区別なく自分たちの周りに集めた。

里見弴の年譜によると、彼は一九四一（昭和一六）年に「長尾欽弥のわかもとの顧問となり三百円貰う」とあり、一九四二（昭和一七）年「四月一五日、五時長尾宜雨荘（ママ・好田荘のこと）。木下杢太郎、児島(喜久雄)、志賀(直哉)、武者、安井(曾太郎)、颯田琴次、水谷川忠麿、森田(博物館布地係)、後藤(座右宝刊行会)」、「一一月三日、長尾邸。木下杢太郎、児島、颯田、雨村など」、「一二月一五日、長尾邸、木下、雨村、児島、颯田」などとあり、一九四五(昭和二〇)年に入ってからも、「三月五日、志賀訪問。長尾欽弥も来る」、「六月一一日より前、鎌倉山の長尾に呼ばれて、川端、高見、永井龍男とでかける」、「六月二一日頃から長尾よね、児島と自動車で近衛文麿、原田を訪ねる」などとの事項も見られる。

矢部貞治による近衛の伝記によるならば、近衛文麿もまた、「(一九四四年)四月二九日に小田原から鎌倉に行って、三〇日に「わかもと」の長尾別邸で東久邇宮にお会いした」、「東久邇宮はある日世田谷の長尾邸に呼ばれて、近衛公に会った」、「その後にまた同じく長尾の鎌倉別荘に、近衛公爵と落ち合い、二人でお茶を飲んでいると」、「(一九四四年)六月二十二日重臣会議があり、夜は長尾邸で近衛は東久邇宮にお目にかかった」、「(一九四四年)十月二十二日からの関西旅行には、細川のほか山本有三、長尾欽弥も同行した」などという記述が見られる(『近衛文麿』)。

本間順治は『薫山刀話』のなかで長尾よねに言及している。第二次世界大戦の敗戦直後、進駐軍による日本刀没収令の危機に際して、よねに相談し、長尾欽弥から児島喜久雄経由で当時首相であった東久邇宮に頼み、細川護貞経由で近衛文麿にも頼んで、彼らから進駐軍に働きかけて貰い、事なきを得たと述べており、長尾の人脈の動きがほの見える。こうした政治力は、戦中にも時おり働いていたのであろう。

長尾欽弥、よね夫妻の周囲には児島喜久雄や里見弴といった白樺派系の文化人、本間順治、鈴木宗保ら美術骨董に近い人びと、そして田中光顕、近衛文麿、東久邇宮などの華族政治家たちが集まっていたのである。そうした人びとを引き寄せる舞台が、桜新町の好田荘であり、鎌倉山の扇湖山荘であり、唐崎の隣松園なのであった。

長尾欽弥の別邸扇湖山荘は、鎌倉山住宅地の奥まった一画を占める。鎌倉山は一九二九（昭和四）年に分譲が開始された住宅地で、鎌倉山と称しても地理的には大船から江ノ島にいたる専用道路によって連絡されるという開発であった。別荘地としての開発で、区画を最小でも五〇〇坪とするという方針によって、大型の高級別荘地が生まれた。こうした開発方針が功を奏して、ここには近衛文麿をはじめ、政財界の有力者たちの別荘が建ち並ぶこととなったのである。

開発を行なったのは菅原通済である。彼は一八九四（明治二七）年に生まれ、若い頃はマレー半島のジョホールでゴム園を経営して成功し、世界一周をして帰国した。その後も波瀾万丈の生活を送ったようであるが、一九二三（大正一二）年の関東大震災の復興事業で成功して財をなし、先に述べた大船・江ノ島間の有料道路経営と別荘地開発を行なったのであった。彼自身も一九四二（昭和一七）年、鎌倉山に常盤山文庫という財団を設立し、蒐集した墨跡や美術品を収蔵した。

扇湖山荘は、こうして開発された鎌倉山のなかでも群を抜いた、大別荘であった。桜新町の本邸といい、この鎌倉山の別邸といい、周囲を圧する規模の邸宅である。こうした大邸宅を矢継ぎ早につくり上げてゆくところに、急速に財をなした長尾欽弥夫妻の勢いが感じられる。しかしながら彼らが屋

図7-5　長尾欽弥鎌倉山別邸扇湖山荘入り口

敷を構えた桜新町も鎌倉山も、まさに昭和初年に開発された新興住宅地であり別荘地である。旧来からのお屋敷町、むかしからの別荘地といった場所ではなく、まさに新規開発の土地に彼らは自分たちの居所を築いていったのである。それを、勢いのあるスタイルと見るか、いかにも新興成金のスタイルと見るか、見方は分かれるであろう。

扇湖山荘の敷地は一三万坪といわれ、門を入ると道は切り通しとなり、トンネルを越える（図7―5）。鎌倉にはこうした切り通しをもつ邸宅が時おり見られるので、ここもまた鎌倉らしさを感じさせる場所の構え方である。また、植治の仕事としては、熱海の岩崎小彌太別邸陽和洞もまた、トンネルを経て建物にアプローチする構成をもっていることが思い起こされる。扇湖山荘の主屋は飛驒高山から移築されたという民家であり、それがコンクリート造のプラットフォームの上に据えられている（図7―6）。そこから見渡すと南に湘南の海が木の葉越しに見られる。扇型に広がる海の景色が、扇型の湖を見るようだというところから、別邸は名づけられた。

広大な敷地のなかに高山の民家を移築するに当たって、建築家の大江新太郎は、岩崎小彌太の鳥居坂本邸や、長尾欽弥の桜新町本邸の清明亭で試みた手法を、同じように用いている。ここでの特徴は、プラットフォーム上の建物が移築された民家だという点にある。

田舎家を移築して、別邸の施設あるいはその一部に用いる趣味は、石川祐一（「近代日本における民家の評価に関する研究」）、土屋和男（『「田舎家」の風景』）らの研究でも語られるとおり、この時期しばしば見出されるものであった。二〇世紀初頭に海外にまで販路を広げて活動した美術商山中商会は、民家の移築の仲介も行なったと伝えられる。長尾が営んだ鎌倉山の扇湖山荘、そして唐崎の隣松園は、この時代の田舎家趣味を色濃く反映したものである。建物の骨組みは豪壮な民家であるが、大江新太郎は欄間飾り、座敷周りなどに流麗な装飾性を加えており、そこに華やかさが漂う。こうした品の良さが鎌倉山の別邸の魅力となっている。

図 7-6　扇湖山荘

鈴木宗保は、桜新町の長尾本邸に「赤坂の伏見宮家にあったお茶席を移したもの」があり、「四畳半台目、玄関の広い建物で、瓦は菊の御紋であった。戦前は恐れ多いのでセメントの一文字で紋を伏せてあったが戦後はとっていた」と述べている（『茶の湯随想』）が、この茶室も現在は鎌倉山に移築されている。

扇湖山荘は鎌倉山という高台にあるため、長尾よねが化粧部屋にしていたという一角に流れがしつらえてあるものの、大きな池が設けられるという地形ではない。樹林を主として、遠く鎌倉の海を眺めるという構成である。したがってここには南禅寺近傍に展開された植治流の庭園の味わいはない。あえていうならば、熱海の岩崎小彌太別邸陽和洞の庭園から、広い芝原を縮小した構成ということになろうか。

扇湖山荘は、後に没落してゆく長尾よねが最後の住まいにしたことにうかがわれるとおり、彼女にとってもっとも寛げる館だったのであろう。桜新町の本邸の方は失われたが、この別邸はいまも静かに鎌倉山の奥深く、残されている。

図 7-7　長尾欽弥唐崎別邸隣松園

本邸、鎌倉山別邸から、ともにはるか離れた琵琶湖のほとり、唐崎の地に営まれた隣松園は遊びの気分に満ちた別荘であった（図7―7）。もともとこの名は、名勝として知られる「唐崎の松」に隣り合う館という意味である。

唐崎は古代から歌の名所として知られ、

ささなみの志賀の唐崎さきくあれど大宮人の船まちかねつ

という柿本人麻呂は有名であるし、俳句でも、芭蕉が詠んだ

唐崎の松は花よりおぼろにて

は、あまりにも有名である。

さらには近江八景のひとつ、「唐崎夜雨」でも知られる。

隣松園に見られる田舎家を並べたような構成は、ここが湖畔の景色を楽しむ庭園中心の別邸であることを示している。庭園は名前のとおり、松を主体とした開放的なものである。庭園は、芝原が湖面に向かって開け、そこに松の木立が展開するという趣向が中心となる（図7―8）。湖水のほとりには蘆が群生するが、庭はあくまでも湖に向かって開かれている。

図 7-8　隣松園庭園

ここには、千宗旦が好んだ茶室として知られる裏千家の寒雲亭をうつした茶席があると鈴木宗保は述べている。京都の裏千家のなかにある寒雲亭は、侘び茶の茶席ではなく、書院造りの茶席として知られ、八畳に一間の本床、一畳の控えと付書院をもつもので、華やかさがある。こうしたところが長尾夫妻の好みであったのかもしれない。

しかしながら二〇〇四（平成一六）年に隣松園を調査した矢ヶ崎善太郎（「長尾欽弥別邸・隣松園の茶室について」）によれば、ここ

図7-9　隣松園ボートハウス

には主屋、茶室三棟、腰掛け待合さらに付属屋などが存在し、茶室の一棟には四畳半の茶室があり、これは裏千家の又隠《ゆういん》の写しと考えられ、別の茶室の棟には四畳枡床の茶室があり、こちらには裏千家の今日庵の形式の水屋洞庫があるとのことである。どうやらさまざまな写しを取り混ぜたのがここの趣向なのであろう。棟梁は木村清兵衛であった。

また、庭から琵琶湖に向かってじかに舟を出せる、コンクリート造のボートハウスが設けられていて、ここからモーターボートを駆って湖上を周遊したり、浜大津に乗りつけたりするのも、客をもてなす趣向のひとつであった（図7―9）。コンクリート構造はこの時期、まだそれほど多くみられるものではなく、艇庫をこうした新しい構造で作るのも、長尾好みだったのであろう。新しいもの好きで、豪勢な遊び方は、侘びた数寄者の好みというよりは、モダンな新興成金趣味である。

隣松園には裏千家家元、田中光顕など多くの人びとが遊んだが、もっともここが輝いたのは、一九三五（昭和一〇）年、米国庭園倶楽部の一行を招いた日であろう。先に見たように『米国庭園倶楽部代表訪日記念写真帖』には、バークレイ夫人と並ぶ長尾夫妻、日傘をさした芸妓や舞妓たちが庭園を散策する様、米国夫人たちが羽根つきなどに興じる様、湖畔から釣り糸を垂れる人びと、陶器に絵付けをして楽しむ様子の、五ページにわたる長尾別邸訪問の様子が掲載されていた（前掲図7―4）。これほどのページを割いて記録されている訪問は、ほかにはない。

しかしながらこの『写真帖』冒頭に掲げられた米国庭園倶楽部の来日日程に、琵琶湖畔の唐崎にある隣松園訪問は記載されていないし、長尾欽弥の名前もそこには登場しない。Nagao という文字が現われるのは、写真のキャプションのなかだけなのである。これは、隣松園訪問は非公式日程の行事であり、ここが公式訪問の場ではなかったことを意味する。徳川家達、近衛文麿という公爵たちが組織した、国を挙げての受け入れ組織のなかで、わかもとで急成長したとはいえ、その栄華はいまだ十年にも満たない長尾夫妻は、あまりにも新興成金すぎた。原富太郎（号・三渓）のように爵位をもたぬ実業家も、正式メンバーに名を連ねているが、堂々たる実業家というには、やはり長尾夫妻の存在は危ういものであった。彼らは小川治兵衛の大庭園を所有するというその一点においてのみ、非公式行事とはいえ、米国庭園倶楽部を迎えることができたのである。

ここで小川治兵衛の庭園の意味は、逆転を来している。明治中期、山県有朋が植治を用いて無隣庵を営んだことが植治の名を世に知らしめるきっかけとなったのであり、植治は住友家、西園寺家、岩崎家などに出入りし、京都を中心とする多くの紳商たちの庭園を手掛けて、名実ともに近代日本の庭園の担い手となっていった。その仕事は、二度にわたる御大典、桃山御陵御用、桂離宮や修学院離宮の手入れ、平安神宮など、公的事業への参与によって揺るぎない権威をもつまでにいたった。

急速に財をなした長尾欽弥夫妻が矢継ぎ早に小川治兵衛に大庭園を依頼したのは、植治の庭園を所有することが、貴顕紳士たちの仲間入りのためにもっとも効果的な、目に見える証しと映ったからではないだろうか。

長尾欽弥夫妻はエネルギッシュに美術品の収集もつづけていた。その質は高く、国宝、重要美術品を数多く含むものだった。茶の湯にも励んだ。けれどももっとも幅広くひとを集め、ひとに自分たちを印象付けることができるのは、大庭園であり、そこで繰り広げられる園遊会であった。ほんの一握りの名門華族や教養ある実業家を除けば、大方の実業家も文士も軍人も力士も、大庭園に一番圧倒されるのだった。そして、そういう取り巻きが集まるからこそ、名門華族や教養ある実業家も、彼の門を叩くことになったのだ。

その意味で、長尾欽弥夫妻が所有した大庭園はヌーボー・リッシュの装飾品、拝金主義者の舞台装置、グレート・ギャッツビーが毎夜繰り広げた大パーティの館そのものであったといえよう。これは小川治兵衛の庭園の本質を示すものでもある。

小川治兵衛の庭には思想がなく、俗なものにすぎないという批判が、同時代の造園家の多くから聞かれた。そうした批判は、庭園は象徴主義的含意をもたねばならぬという庭園観にもとづいている。象徴主義的庭園観は室町期の庭園をひとつの理想とするし、神話、仏典、世界観、宇宙観などを庭園に込めようとする。時代的には小川治兵衛につづく造園家であった重森三玲、中根金作らが小川治兵衛を評価しないのはそのためであった。彼らは宇宙観や仏教説話を込めた象徴的庭園をふたたび創造しようとするモダニストだったからである。

唯一、小川治兵衛を評価した人物が戸野琢磨であった。彼はアメリカでランドスケープ・デザインを修めた最初の日本人であり、早稲田大学や東京農業大学で庭園を講じた人物である。彼が第二次世界大戦直後に監修した庭園書が、『日本の庭園』だった。この薄いパンフレットともいうべき本には、類型化を図りながら日本庭園の構成を紹介する写真が数多く収められている。庭園の選択には、なかなか個性的な判断も見られるので、ここでそれらを列記してみたい。

まず、見開きで「東京・平田邸」という庭が提示される。ついで桂離宮、大徳寺大仙院、二条城、平安神宮の庭園が示される（以後、傍線を付した庭園は、小川治兵衛が関与したものである）。その後、庭園を類型化して、代表例と類例を示す。そこで、類型と代表例を列記してみよう。

池泉舟遊式の庭	野村邸
池泉廻遊式の庭	桂離宮
池泉鑑賞式の庭	天龍寺
平庭	龍安寺
茶庭	野村邸の一部
禅趣味の庭	南禅寺

めでたい庭　　正伝寺・金地院
枯山水の庭　　西芳寺
縮景の庭　　水前寺（熊本）
借景の庭　　修学院離宮
文人風・草庵風の庭　　無隣庵の中庭
現代風の庭　　清澄庭園・平安神宮の橋杭

この後、庭のエレメントを水、流れ、石、植栽、苑路、飛石、延壇《ママ》、庭門、橋、垣、庭亭と塔、手水鉢、蹲い、井戸、灯籠というかたちで列記してゆく。そのなかで流れと橋においては、実例として野村邸が挙げられる。

　これまで挙げてきたなかで傍線を施してきた庭園が小川治兵衛の作品であることを考えるならば、『日本の庭園』が如何に小川治兵衛を高く評価しているかが理解されよう。この本の監修者戸野琢磨は、アメリカでランドスケープ・デザインを学んだだけに、庭園を神話や説話の「絵説き」としてつくったり、解釈したりするのではなく、造形的構成作品として分析する。その結果、純粋に構成や造形からの評価にいたるのである。そこに浮かび上がるのが小川治兵衛であった。こうした視点に立った庭園紹介が敗戦直後にまとめられたことは幸運であった。この時期、いまだ長尾家の桜新町本邸は失われておらず、戦後モダニズムの庭園観はいまだ台頭していなかったからである。ここには日本の近代化が生み出した美意識が何であったかを伝える、貴重な証言が見出されるのだ。

小川治兵衛の庭園は、実際の地形、植栽、石をそのままに構成するものであり、象徴主義的含意をもつものではなく、自然主義庭園である。水は海の象徴として湛えられるのではなく、流れるのであり、その流れはあくまでも流れである。石は石である。だから名石が集められたり、石に意味を与えるために立てられたりもしない。広々と庭が広がるなかに石は伏せられるのである。芝原は広く園遊会にも用いられる。植栽も名木を目立たせる手法は少ない。松を用いても群生させるし、モミやヤマモモなどという木を持ち込んだりする。そこに植治の近代性がある。ヌーボー・リッシュもグレート・ギャッツビーも近代の生み出した精神である。象徴的含意を込めず、名石、名木にもたよらずに庭をつくり上げる小川治兵衛には、日本における近代が生み出した精神がある。だからこそ、その庭園群には多くの俗人も、貴顕紳士も、名門華族や教養ある実業家も、別けへだてなく引き寄せられていったのである。

末期の景色

小川治兵衛の出発は、日清戦争が終息を迎えた時期、山県有朋が京都南禅寺近傍に無隣庵を営んだときであった。狷介で孤独な権力者が、唯一心を許した趣味が庭園であり、有朋は庭園を前にして自己に沈潜することができた。晩年になってからも彼は、数寄者である高橋箒庵に対し、水が流れ落ちる滝のすがたに魅せられると述べていた。

「瀧の姿は始終同様なる筈なれども、打ち見たる處始終変化あるやうにて、見れども更に飽く事なし、自分は時々此處［小田原の古稀庵］に佇みて、長時間眺め居る事あり」（『山公遺烈』）と。

孤独な権力者が自己に向き合わざるを得なくなるとき、庭の佇まいは、おのれを支えてくれる小宇宙であった。無隣庵庭園をつくり上げた小川治兵衛は、近代日本を築きあげる人びとが、自己を演出し、人びとと会い、決断を下し、孤独に沈潜するための場を創造しつづけた。

山県有朋は無隣庵で桂太郎らと会談して日露開戦を決断した。住友春翠は京阪神、そして東京にも植治の庭を営んだ。西園寺公望も自己の政治的スタイルと不即不離のものとして植治の庭を用いた。そして多くの紳商たちもまた、植治の庭に自分たちのステータスとスタイルと表現を見出した。小川治兵衛の庭園ほど、日本の近代化を推進する人びとに愛されたものはない。植治の庭園は近代化の産物である琵琶湖疏水を母として京阪神に広がり、やがて倉敷に、長浜に、興津や熱海に、鎌倉に、そして東京に広がっていった。

それは日本が明治維新を経て、世界に乗り出してゆくプロセスと軌を一にしたものであり、植治の庭園は、維新以後の日本を支えた人びとが自分たちのライフスタイルと感じられる、もっとも幅広い表現であった。

こうした小川治兵衛の庭園に最後の輝きを与える人物が現われる。それは近衛文麿である。しかしながら近衛が植治の庭園に与えた最後の輝きは、決して明るく華やかに、未来に向かって開かれたものではなかった。

近衛文麿に対して、植治の庭園の最後のパトロン、長尾欽弥が徐々に接近していたことを、われわれはすでに見てきた。一九三五（昭和一〇）年に米国庭園倶楽部が来日した際、長尾夫妻は滋賀唐崎の別邸隣松園に一行を招き、盛大なガーデンパーティを繰り広げた。これは公式行事には組み入れられなかったのだが、新興成金に過ぎなかった長尾が名門華族たちの世界にその存在を知らしめる端緒となった。

やがて長尾欽弥は、一九四〇年代半ばにはその鎌倉山の別邸、扇湖山荘で東久邇宮と近衛文麿とを引き合わせたり、山本有三と細川護貞とともに近衛の関西旅行に同行するまでになってゆく。長尾の財力がそこではふんだんに用いられたであろうし、植治の手になる広大な庭園をもつ彼の本邸や別邸が、近衛たちに心地よい場を提供したことであろう。

近衛文麿は京都帝国大学に学んだが、その時期からすでに小川治兵衛の庭園世界にはなじんでいた。近衛が京都に学んだ頃、そこには学習院の同窓であった原田熊雄、木戸幸一たちもまた学んでいた。やがて近衛は政治家となり、原田は西園寺公望の秘書というべき役割を果たし、木戸は内大臣となる。こうして近衛、原田、木戸は、昭和初期の宮中グループというべき緊密な関係を結ぶようになるのだが、その親密な交わりのはじまりは、京都時代にあったのである。無論この三人は華族の子弟として学習院中等科時代に知り合ってはいたが、京都においてはじめて親密な交遊を結ぶようになる。彼らは北白川にあった原田の下宿に集まったので、自分たちのことを「白川パーティ」とよんだという。

白川は、琵琶湖疏水が水車動力に用いられたなら、そのロアー・カナルとなるべき流れであったことを考えると、そして現実にはこの白川に小川治兵衛の庭園群から水が流れ落ちていることを見るなら、京都における近衛は、植治の文化圏に重なる地域で学生生活を送りはじめたことになる。田辺朔郎が築き上げた琵琶湖疏水から哲学の道が生まれ出るのが、近衛たちの「白川パーティ」が成立した時期であった。それは疏水という技術による近代化が、文化化してゆくプロセスなのである。

そして京都には、清風荘に西園寺公望が存在した。近衛文麿がはじめて清風荘に西園寺を訪問したのは一九一三（大正二）年、彼が京大の学生時代であった。そのころ西園寺は二個師団増設問題で第二次内閣の首相を辞し、政友会総裁も退いて、清風荘に閑居していた。

ある日、公家社会の大先達である西園寺公望に会ってみたくなった近衛文麿は、紹介状ももたずに、学生服すがたで清風荘の戸を叩いた。二度の組閣経験をもつ西園寺は、金ボタンすがたの近衛を請じ入れると「閣下、閣下」と下にもおかぬ態度で遇したという。西園寺家は清華の家格であるのに対して、近衛家は五摂家の筆頭、公家の最高位に位置する家柄である。すでに家督を継いでいた近衛文麿を「閣下」と呼ぶのは自然であったが、近衛にしてみれば、親子以上に年のはなれた初対面の自分を「閣下」呼ばわりするのは、却って馬鹿にされているような気になったのであった。以後、京大在学中、近衛は一度も西園寺を再訪しなかったという。五摂家筆頭とはいえ、進歩的知識人であった近衛らしい反発の仕方である。

また、「閣下」という呼称に対して、近衛は別の記憶もあったようである。京大在学中に、彼は有

図 7-10　西園寺公望京都別邸清風荘庭園

馬温泉に避暑のための別荘を借りた。そこには彼の弟である秀麿たちも逗留していたのだが、近衛公爵が滞在中ということで地元警察の署長らが訪れて、「この近くに近衛閣下がお越しだろうか」と聞いて回ったらしい。弟たちは「そのようなカッカは存じません」といって追い払ってしまったという。それから兄は、弟たちから「カッカ」と呼ばれて、からかわれたという。その後「カッカ」は、身内の間で文麿のニックネームになった。

それはさておき、気まずいままに終わったとはいえ、清風荘訪問を通じて近衛文麿は、わずかではあれ、西園寺公望のライフスタイルを垣間見た筈である。すなわちそれは、小川治兵衛の手になる庭園を楽しむ西園寺のすがたであった（図7―10）。

政界に身を投じてからの近衛文麿は、改めて西園寺公望に親しく交わるようになる。無論、近衛が西園寺という大先達の庇護のもとに、政治の世界を歩んでいったというのが実情であるが。一九一九（大正八）年第一次世界大戦後のパリ講和会議の全権代表となった西園寺のもと、図抜けて若い随員として近衛はパリに赴くことになる。これは近衛家の家格の高さ抜きには考えられない抜擢であった。公家の筆頭に対する西園寺の期待の大きさが窺える人事である。

一九二四（大正一三）年五月二三日と二六日に、近衛文麿は昭和研究会の水野直、政友会の小泉策太郎とともに京都の清風荘に西園寺公望を訪ねているし、翌年四月には家族とともに近衛は興津の坐漁荘を訪問している。これ以後、近衛はことあるごとに西園寺に政治情勢を報告し、その判断を仰ぎ、その指示に従ったり反発したりしてゆく。すなわちふたりは公家出身の政治家として不即不離の関係を保ちつづけるのである。西園寺は近衛を引き立て、近衛は西園寺を頼った。実際、維新の動乱期における三条実美を例外として、公家出身者として戦前の日本で首相の地位に就いたのは西園寺と近衛のふたりだけであった。

政党政治を行なおうとする西園寺公望と、山県有朋直系の陸軍閥の政治を行なおうとする桂太郎のふたりが、交互に政権を担当した桂園時代といわれる時期を経て、西園寺は近衛文麿に未来を託すようになる。近衛もまた、西園寺の逝去に当たっては、その葬儀委員長をつとめている。けれども近衛は三次にわたる近衛内閣の軌跡を通じて、翼賛体制の政治をもたらし、優柔不断のうちに太平洋戦争への道を進めていった。

しかしながら近衛文麿が政治に関してのみならず、そのライフスタイルの規範としても、西園寺公望を参照したであろうことは想像される。西園寺のフランス体験にははるかに及ばなかったにせよ、親米的な国際派政治家を目指した近衛は、西園寺の国際性を意識しつづけていたに違いない。近衛が意識した西園寺のスタイルのうちに、日常の暮らし方、屋敷の構え方などが含まれたであろうこともまた確実である。近衛は自分の屋敷の構え方にも、自分のスタイルをもっていた。

近衛家は京都に陽明文庫の建物を構え、東京にもしっかりした屋敷を構えていた。近衛邸としては東京西郊の荻外荘が知られているが、明治以来の東京における近衛家本邸は落合に構えられていた。この邸宅は維持されつづけるのだが、近衛文麿はそこよりもさらに郊外の地をトして、荻外荘を実質的な本邸としたのであった。

厳密にいえば、荻外荘は近衛が自ら営んだ屋敷ではなく彼が手に入れた屋敷だった。この屋敷はもともとは入沢達吉邸であった。入沢は東京帝国大学の内科学の教授を務めた医師である。大正天皇の侍医を務めた名医として知られたのが彼であった。近衛が荻外荘としたのは、その入沢が東京の西郊、荻窪の外れに構えた邸宅であった。建物の設計を行なったのは伊東忠太である。京都の平安神宮、東京築地の本願寺などの設計者として知られる伊東は、浅野総一郎邸など、大邸宅の設計者としても知られる存在である。入沢達吉邸は、住宅建築家・伊東忠太が金子清吉を現場担当として一九二七（昭和二）年につくり上げた名作のひとつであった。

近衛文麿はこの邸宅が気に入り、入沢家から譲り受けて自邸とした。近衛が入沢邸のどのようなところが気に入ったのかは解らない。以前から入沢達吉は病弱であった近衛を時おり診察していて、彼に乾燥した空気のよいところに住むようにと進言したらしい。そしてさらに進んで、自分の住む荻窪の屋敷を譲ってよいと言うにいたったという。椅子式の生活を提唱していた入沢は天井の高い家を好んでいて、この自邸も高い天井をもつ部屋から成っていた。入沢は同じ杉並にウィリアム・M・ヴォーリズに設計させた別邸ももっていたので、本邸を近衛に譲ってもかまわなかったのかもしれない。東京の喧噪を避けた郊外に居を構えたいと望んだ近衛の目に、南向きの斜面を占めて建つ、伊東忠太の手になるしっかりした和風の邸宅は、本邸としての格式にも適うものとして、好ましく映ったのであろう。近衛は一九三七（昭和一二）年にこの屋敷を譲り受ける。その屋敷に荻外荘の名をつけたのは西園寺公望であるという。入沢は一九三九（昭和一四）年まで生きているのであるから、近衛は入沢に感謝しつつ、この屋敷を入手したことになる。『伊東忠太建築作品』はこの邸宅を「荻外荘（前入沢邸）」として紹介している。作品集出版時にはこの邸宅はすでに入沢家の手を離れていたが、近衛邸と記述することははばかられたのであろう。外景、玄関、客室、支那式応接間、書斎、食堂の六葉の写真が掲載されるが、間取りなどは一切掲載されない。和風に中国風を加味した、天井の高い格調の高いデザインが見て取れる。南面には板で護岸をした風情のない池が設けられていた（図7―11）。

入沢達吉邸を自邸とした近衛文麿の態度は、自らの住まいに対して無関心な者のそれではない。彼はひとつの美意識、ひとつのライフスタイルの理想をもって邸宅を選んだのであろう。入沢邸は数寄屋風の邸宅ではなく、かなり堅い調子の書院建築である。中国風が加味されることによって、さらに堅い感じが強められていた。近衛がこの邸宅を入手したがった裏には、おそらく自らが生活にスタイルをもっていることを示すという意識があったのではないか。そこには西園寺公望のライフスタイルが大きな意味をもっていたであろうことも、容易に想像される。荻外荘の様式は中国風も見られる堅い調子のものであるが、まずはこの邸宅によって近衛は自らの様式を手に入れたのである。彼は中国風の感じられる玄関や客間部分は入沢邸の部屋をそのまま使ったが、居間や寝室などの私的部分は天井を低くして、中廊下の位置も変えるなど、大改造を行なった。そのために呼ばれたのは住友の営繕にいた建築家である長谷部鋭吉だった。こうして彼は入沢邸のよさを残しながら近衛好みの邸宅をつくり上げていった。

図 7-11　近衛文麿本邸荻外荘

近衛文麿が陽明文庫を京都に設立したのは入沢達吉邸入手の翌年、一九三八（昭和一三）年のことであった。彼は陽明文庫のために数寄屋風の虎山荘という建物を一九四四（昭和一九）年に建てる。建物の設計はここでもまた住友の建築家、長谷部鋭吉。庭園をつくったのは小川治兵衛の孫、九代目植治である小川治郎だった。この普請はまったく西園寺流である。西園寺は住友の支援のもと、植治に庭を、住友の建築家や棟梁たちに建物をつくらせるのが常だったから。

近衛文麿が虎山荘を建てたとき、すでに西園寺公望も七代目小川治兵衛も世を去っていた。けれども近衛は西園寺と同じように、植治に庭を、そして住友の建築家に建物を依頼したのである。いかに近衛が西園寺の生活空間に共感を寄せていたかが、窺われよう。もしも七代目植治が生きていたなら、近衛は荻外荘の庭も植治に大改造させたかもしれない。

近衛文麿はその後半生において、長尾欽弥と親しくした。親しいという表現が誤解を招くとしたら、近衛は長尾を遠ざけなかった。長尾の財力と、彼が各地に営んだ植治の庭園が、近衛にとって心地よい息抜きの場となり、密かに人と会う場ともなったからであろう。

さらに言うならば、近衛文麿には公家としての矜持、気難しさとともに、大衆受けする俗っぽさのようなものも見られた。たとえば相撲である。近衛の相撲好きは有名で、稽古を見たり場所中には観戦に出かけたりした。そして相撲観戦は近衛が大衆人気を博する絶好の機会でもあった。このような近衛の好みは、長尾欽弥の俗っぽさと合致した。戦前には神風などを贔屓にし、戦後も初代若乃花に入れあげたりした長尾は、近衛と共通する話題に事欠かなかったであろう。

近衛文麿と長尾欽弥の関係がクライマックスを迎えるのは、近衛の死の直前である。

近衛文麿は敗戦の詔勅を小田原の入生田にあった別邸で聞いた。その二日後の一九四五（昭和二〇）年八月一七日に近衛は東久邇宮内閣の無任所の国務相として入閣し、赤坂離宮で行なわれた認証式に出席している。こうして彼は戦後体制の構築に参加する姿勢を示す。敗戦前、近衛と東久邇宮は、長尾欽弥の邸宅をしばしば用いて面談しあってきた仲である。

月がかわって九月二日、降伏の調印式が駆逐艦ミズーリ号の艦上で行なわれた。

そして一九四五（昭和二〇）年九月一一日、戦犯三九名の逮捕指令が出される。ここに近衛文麿の名は含まれていない。近衛は九月一三日に連合軍最高指揮官であるダグラス・マッカーサーを横浜に訪ねて面会している。天皇がマッカーサーを訪問するより先に、近衛はこの行動を起こしている。近衛には、自分がリベラルな立場を示した政治家として米国側に評価されているという自負があったようである。しかしながら横浜に出向いての会談は、通訳の能力不足もあってあまりうまくゆかなかったらしい。

彼は一〇月四日、こんどは東京の第一生命館に設置されていた連合軍司令本部（ＧＨＱ）で、ダグラス・マッカーサーと会談する。この会談のなかで、マッカーサーは近衛文麿に対して、日本のリベラル陣営を用いて憲法改正を行なうように示唆したといわれる。近衛はここに憲法改正作業に手を染めはじめるのだが、近衛がマッカーサーと会見した翌日、東久邇宮内閣は総辞職し、幣原喜重郎内閣が成立する。これで近衛は国務大臣ではなくなり、国政からはなれた彼は、憲法改正に専念することになる。一〇月一一日、近衛は内大臣府御用掛を委嘱され、憲法草案の策定をまかされる。

だが、憲法改正は内閣の仕事であり、戦時に首相を何度も務めた人物が戦後の憲法をまとめるのはおかしいという議論が徐々に大きくなってゆく。一〇月二九日、近衛文麿のような戦中の首相が戦後の日本に再び現われることはあってはならないとする、ニューヨーク・タイムズ紙の記事が日本の新聞に紹介される。そして一一月九日、近衛は揚陸指揮艦アンコン号に召喚されて爆撃調査団による聞き取りを受ける。これは尋問というべきものだったといわれ、彼はそれまでのように「プリンス・コノエ」ではなく「ミスター・コノエ」とよばれつづけたという。彼は憔悴しきって、この聞き取りを終えたという。

じつはこの「尋問」に先だって、一一月五日にカナダ国籍の知日派の外交官ハーバート・ノーマンによる近衛文麿に関する覚書がＧＨＱに提出されており、八日にはおなじく彼が書き記した内大臣木戸幸一に関する覚書もまたＧＨＱに提出されていた。ここでノーマンは近衛を誹謗し、木戸を擁護する露骨な記述を行なったとされる。ノーマンは、ハーヴァード大学在学中に知り合った都留重人とコミュニスト仲間として仲がよく、都留と姻戚関係があった木戸を擁護したのだとする説がある。この解釈にはかなりの説得力があるが、細部においては推測の域を出ない部分が多い。アンコン号での「尋問」を受けながら、近衛の脳裏には木戸の顔が浮かんだのではないかとする説もあるが、そこまで言い切れるかは大いに疑問である。おそらく近衛はこうした関係を知る由もなかったにちがいない。しかしながら客観的には日毎に自らを取り巻く状況が悪くなってゆく気配を感じつつ、一一月二二日、近衛は憲法改正案を天皇に奉答し、同日、栄爵を拝辞したのである。もし彼がアンコン号での「尋問」の裏に木戸の存在を確信していたなら、彼はそのときに自らの死を決意した筈である。しかしながら彼は、この後、最後まで自らの態度を巡って紆余曲折を繰り返す。そこに植治の庭園が大きな働きをなすことになる。

一一月二七日に近衛文麿は東京を発って軽井沢の別荘に移った。憲法草案をまとめ、栄爵を拝辞した彼には、すべてをなし終えたという感慨があったのであろう。しかしながらこれですべてが終わったわけではなく、その直後、一二月二日に梨本宮ほか五九名に逮捕指令が出された。命令に応じて皇族が出頭するすがたに、近衛は衝撃を受けたという。そしてさらに一二月六日には木戸幸一ら九名の逮捕指令が出され、その中に近衛自身の名も含まれていた。出頭期限は一六日である。

一二月一一日、近衛文麿は軽井沢を発って東京に向かった。しかしながら彼が着いたのは本邸荻外荘ではなく、長尾欽弥の桜新町本邸好田荘であった。彼はここに三日間を過ごす。なぜここに彼がとどまったのか、その深い心理は解釈の限界を超える部分がある。荻外荘に戻れば、出頭あるいは拒否をただちに明白にせざるを得なくなると考えたのか。であるとすれば好田荘での時間は、最後の最後に与えられた猶予の時間、出頭か拒否かに結論を出すための時間だったのかもしれない。

入獄の間近に迫る夜寒かな

これは近衛文麿が長尾欽弥桜新町本邸好田荘で詠んで、木舎幾三郎に与えたといわれる句である。ここに窺われるのは、出頭を覚悟した近衛のすがたである。しかしながら近衛は、この好田荘滞在中に女主人長尾よねから自決に用いた青酸カリを貰い受けたという説もある。「わかもと」を製造する製薬会社の経営者であったよねは、こうした薬品を入手できたからだというのである。

近衛文麿は、荻外荘に戻るまでの時間、長尾欽弥桜新町本邸好田荘で、小川治兵衛の手になる庭園を見つめながら、出頭か拒否か、生か死かを考え抜いたのである。その結論を胸に、彼は出頭の日を目前にして自邸へと赴いた。一二月一四日に好田荘を出て荻外荘に向かい、出頭期限の一六日を前にした一五日の夜、彼は青酸カリによって自決する。

考えてみれば好田荘の庭園は、西園寺公望の屋敷の数々を思い起こさせるものであったろうし、さらに言うならばその庭園は、ちょうど五〇年前に山県有朋が営んだ無隣庵庭園にも連なってゆく眺めであった。近衛文麿がそうしたことをすべて知っていたとは考えられないが、無意識のうちにこの庭のなかに、近代化をめざした日本の歴史の裏側に流れる精神の原風景を感じながら、末期の目で小川治兵衛の庭を眺めたのではなかったか。

日本の近代化をめざす琵琶湖疏水とともに生まれた小川治兵衛の庭は、山県有朋によって日本の近代化をはじめて表現した無隣庵庭園としてそのすがたを現わし、幅広い世界をつくり上げていった。そして山県がつくり上げた大日本帝国が五〇年を経て崩壊してゆくに際して、岩崎小彌太が財閥解体を目前にして鳥居坂本邸に籠《こも》りながら眺め、近衛文麿が末期の目で見つめたのもまた、小川治兵衛の庭であった。

小川治兵衛は、日清戦争の勝利にはじまり太平洋戦争の敗戦に終わる、すなわち山県有朋にはじまり西園寺公望をへて近衛文麿に終わる日本の近代化のプロセス、そのプロセスを担った山県・西園寺・近衛という大三角形をまるごと包み込む庭園をつくり上げたのであった。

あとがき

小川治兵衛の庭園を、いつどこで最初に目にしたのか、いまでは思い出せない。京都無隣庵であったか、谷崎潤一郎の『細雪』に描かれた枝垂桜を通じてであったか。

いずれにせよ植治の庭園に、ある時期から夢中になった。庭園の実測をつづけておられた建築家・西澤文隆さんにその話をしたとき、「植治はおもしろいねえ」といっていただいたのを思い出す。大阪芸術大学の学長をしていた造園家の中根金作さんに話をしたときには、「あの庭には哲学がありません」と、にべもなかった。それでも大江宏さんや岩城亘太郎さんに話を聞き、小川治兵衛の庭園をひとつずつ、機会を見つけては見学して回った。そんな作業を積み重ねて、一九八八年に「明治から昭和にいたる数寄屋――植治の世界」を建築学会の『建築雑誌』に執筆した。まだ、京都や関西の研究者がだれも植治に関する論文を発表していない時期だった。

そのあとも庭を見学し、施主をしらべ、その背後の世界を想像しつづけていった。けれどもそれをまとめ上げる作業はなかなか進まなかった。それまで英国や日本の近代建築の成立を調べていたわたくしが日本庭園の話をすると、みな怪訝な顔をした。『東京の地霊』という本が文庫に入ったとき、解説を書いてくれた藤森照信さんは「モダニズムを研究していた鈴木が、山県有朋などと口走る」と、半分茶化していたくらいだ。

自分でも小川治兵衛とその世界を書き進めるのはむずかしく、永遠にまとまらないのではないかと思われた。彼の庭園は私的なものが大半であるから、なかなか見られない。偶然訪れるチャンスをつかみ、少しずつ見学した庭園数を増やしていった。東京西ヶ原の古河邸の庭園見学では、大谷利勝さんご夫妻、光陽子さんに大変お世話になった。古河邸では、当代の植治である一一代小川治兵衛さんに庭園の解説をしていただいた。

しかし著書にまとまることはなく、何十年もの時間が経った。これは永遠にたどり着けないカフカの城のような世界ではないかと、そのことを自分で楽しむような気分にさえなってきた。

やがて東京大学出版会の『UP』誌が連載することを認めてくれ、二〇一〇年八月から一二年二月にかけて隔月でページを与えてくださった。これで植治を著書にまとめる可能性が大きく開けてきた。しかし、いつまでも連載ページをいただくわけにも行かず、連載を終えることにして、本にまとめる作業にかかった。はじめは、ある程度加筆して整理すれば作業は終了するだろうと考えていたが、なかなかそうは行かなかった。二〇一二年の夏に、京都の大原別邸の庭園を見学する機会が得られた。大原謙一郎さんと正田泰子さんには大変お世話になった。一一代植治さんも駆けつけてくださった。さらに二〇一三年には近衛邸荻外荘が杉並区の所有となり、その調査を請負った株式会社建文の方々のご好意でここを見学することができた。こうしたチャンスを得られるたびに、著作の完成はどんどん先になる。これ以上先延ばしすることは止めようと考え、こうしてあとがきを書くにいたった。

本書がかたちを成すにあたっては、文字通り数えきれないほど多くの方々のお世話になった。心から感謝申し上げたい。『UP』連載時から担当してくださった小室まどかさんには、大変お世話になった。この間ずっと支えてくれた妻、杜幾子にも感謝したい。

二〇一三年五月

鈴木博之

引用参考文献

小川治兵衛関連

「岩城亘太郎作庭九〇年」『庭』（一九九〇年四月臨時増刊号）
「『植治』研修会報告」『大谷美術館報』（第八号、二〇〇一年）
『植治の庭──小川治兵衛の世界』（尼崎博正編、淡交社、一九九〇年）
『小川治兵衛』（山根徳太郎編、小川金三、一九六五年）
『続江湖快心録』（黒田譲（天外）、山田芸草堂、一九〇七年）
『続々江湖快心録』（黒田譲（天外）、一九一三年）
「七代目小川治兵衛（植治）──近代庭園の先覚者」（尼崎博正、『ランドスケープ研究』第五八巻第二号、一九九四年、一〇七─一一〇頁）
『七代目小川治兵衛──山紫水明の都にかへさねば』（尼崎博正、ミネルヴァ書房、二〇一二年）
『日本の庭園』（戸野琢磨監修、岩波書店、一九五五年）
『名家歴訪録』（黒田譲（天外）、一九〇一年）

琵琶湖疏水関連

『乙訓郡誌』（吉川民二、乙訓郡誌編纂会、一九四〇年）
『恩輝軒主人小伝』（川島甚兵衛、橋本五雄編、川島織物、一九六四年（初版一九一三年））

『北垣国道日記「塵海」』（塵海研究会編、思文閣出版、二〇一〇年）
『田辺朔郎博士六十年史』（西川正治郎編、山田忠三、一九二四年）
『琵琶湖疏水及水力使用事業』（京都市電気局庶務課、京都市電気局、一九四〇年）
『琵琶湖疏水の一〇〇年』（京都新聞社編、京都市水道局、一九九〇年）
『琵琶湖治水沿革誌』（清水保吉編、琵琶湖治水会、一九二五年）
An Industrial Landscape Observed: The Lachine Canal（Centre canadien d'architecture, 1992）
Hydraulic Machines（Adrian Jarvis, Shire Publications, 1985）
Inside Guide to Springfield and the Pioneer Valley（James C. O'Connell, Western Massachusetts Publishers, 1973）
Newark（John T. Cunningham, The New Jersey Historical Society, 1988）
TOWPATHS to TUGBOATS: A History of American Canal Engineering（William H. Shank, The American Canal and Transportation Center, 1982）
The Morris Canal: A Photographic History（James Lee, Delaware Press, 1988）

山県有朋関連

『山公遺烈』（高橋義雄、慶文堂書店、一九二五年）
『新々集』（吉田貞子、一九四一年）
『青山余影——田中光顕伯小伝』（熊沢一衛、青山書院、一九二四年）
『東都茶会記』（高橋箒庵編、慶文堂書店、一九二〇年）
『山県有朋——明治日本の象徴』（岡義武、岩波書店、一九五八年）
『山縣有朋旧邸小田原古稀庵調査報告書』（古稀庵記録保存調査団編、千代田火災海上保険株式会社、一九八二年）

『山県有朋と近代日本』（伊藤隆編、吉川弘文館、二〇〇八年）
『山県有朋と明治国家』（井上寿一、日本放送出版協会、二〇一〇年）
「山縣有朋の庭園観と椿山荘」（鈴木誠・粟野隆・井之川若奈、『ランドスケープ研究』第六八巻第四号、二〇〇五年、三三九―三五〇頁）

住友友純関連

『大阪市内所在の建築文化財――旧住友本邸玉突場の調査と前身建物の考察』（大阪市教育委員会事務局社会教育部文化財保護課編、同、二〇〇〇年）
「旧田辺邸の建築と野口孫市」（坂本勝比古、『旧田辺邸移築再生保存調査報告書』旧田辺邸移築再生委員会編、同、一九九七年）
『住友回想記』（川田順、中央公論社、一九五一年）
『住友春翠』（住友春翠編纂委員会編、同、一九五五年）
『住友銅吹所跡発掘調査報告』（大阪市文化財協会編、同、一九九八年）
『「住友長堀銅吹所と住友家住宅」の設計と演出――住友有芳園歴史展示館展示模型』（住友史料館編、同、一九九八年）

西園寺公望関連

『園公秘話』（安藤徳器、育生社、一九三八年）
『西園寺公追憶』（内山慶之進編、中央大学、一九四二年）
『史料からみた清風荘の建築――建造物調査報告書』（京都大学名勝清風荘庭園整備活用委員会編、同、二〇一一年）
『陶庵随筆』（西園寺公望、国木田独歩編、中央公論社、一九九〇年）

岩崎小彌太関連

『「岩崎家伝記」索引集』(三菱経済研究所付属三菱史料館編、三菱経済研究所、二〇〇八年)
『岩崎家四代ゆかりの邸宅・庭園』(三菱広報委員会、同、一九九四年)
『岩崎小弥太書簡集』(静嘉堂、二〇〇四年)
『岩崎小弥太伝』(岩崎小弥太伝編纂委員会、同、一九五七年)
「岩崎小弥太の庭」(鈴木博之、『カラム』第一〇〇号、一九八六年、七五―七八頁)

村井吉兵衛関連

『山王荘図集』(高梨由太郎編、洪洋社、一九二七年)
『たばこ王村井吉兵衛――たばこ民営の実態』(大渓元千代、世界文庫、一九六四年)
『雛の名残』(永田竜雄編、私家版、一九一七年)

古河虎之助関連

『旧古河庭園』(北村信正、郷学舎、一九八一年)
「旧古河庭園の和洋と近代」(鈴木誠『文化財の保護』第三六号、二〇〇四年)
「旧古河邸について――コンドルの住宅遺作の研究」(奈良昭彦、『史跡と美術』第四〇巻第三号、一九七〇年、九二―一〇三頁)
『東京都指定名勝旧古河庭園本館修理工事報告書』(大谷美術館、同、二〇〇一年)
『古河虎之助君伝』(古河虎之助君伝記編纂会編、同、一九五三年)

長尾欽弥関連

『薫山刀話』(本間順治、東京出版、一九七四年)

『茶の湯随想』（鈴木宗保、淡交社、一九七五年）
『通済自伝――歴代宰相・憲法秘話』（菅原通済、常盤山文庫出版部、一九七七年）
『通済放談――群魔頓息』（菅原通済、日本出版協同、一九五一年）
『東京都立深沢高等学校清明亭調査報告書』（せたがや街並保存再生の会編、二〇〇一年）
『当世畸人伝』（白崎秀雄、新潮社、一九八七年）
『長尾欽弥旧別邸扇湖山荘』（鈴木博之編、東京大学鈴木博之研究室、二〇〇二年）
「長尾欽弥別邸・隣松園の茶室について――数寄屋師木村清兵衛の研究（2）」（矢ヶ崎善太郎、『日本建築学会近畿支部研究報告集・計画系』第四六巻、二〇〇六年、七七七―七八〇頁）
『わかもとの知恵』（筒井康隆、きたやまようこ画、金の星社、二〇〇一年）
『私たちのまち桜新町の歩み』（菅沼元治編、東洋堂企画出版社、一九八〇年）

近衛文麿関連

『近衛文麿――教養主義的ポピュリストの悲劇』（筒井清忠、岩波書店、二〇〇九年）
『近衛文麿』（長尾和郎、幸洋出版、一九七九年）
『近衛文麿』（矢部貞治、読売新聞社、一九七六年）
『近衛文麿「黙」して死す――すりかえられた戦争責任』（鳥居民、草思社、二〇〇七年）
『風雪夜話』（近衛秀麿、講談社、一九六七年）
『われ巣鴨に出頭せず――近衛文麿と天皇』（工藤美代子、日本経済新聞社、二〇〇六年）

その他

『アール・デコの建築家薬師寺主計』（上田恭嗣、山陽新聞社、二〇〇三年）
『浅見又蔵伝』（町原亮、中追岩次郎、一九〇二年）

『伊東忠太建築作品』（伊東博士作品集刊行会編、城南書院、一九四一年）
「伊東忠太の共同設計者・金子清吉の略歴について」（山崎幹泰、『日本建築学会学術講演梗概集』二〇〇五年、二〇五―二〇六頁）
「『田舎家』の風景――多文化的状況を通して発見された民家の価値」（土屋和男、『常葉学園大学研究紀要』第三〇号、二〇一〇年、六七―八九頁）
『稲畑勝太郎君伝』（稲畑勝太郎翁喜寿記念伝記編纂会編、同、一九三八年）
『稲畑八十八年史――一八九〇―一九七八』（稲畑産業株式会社編、稲畑産業、一九七八年）
『ヴィクトリアン・ゴシックの崩壊』（鈴木博之、中央公論美術出版、一九九六年）
『江戸と北京――英国園芸学者の極東紀行』（ロバート・フォーチュン、三宅馨訳、広川書店、一九六九年）
「仰木魯堂の数寄屋について（1）　数寄屋研究」（岡山理香、『日本建築学会研究報告集』第七一巻、二〇〇〇年、五七三―五七六頁）
「近江商人と長浜商人」（押谷盛利、『下郷共済会創立一〇〇周年記念及び鐘秀館再興記念』下郷共済会、二〇〇二年）
『小津安二郎物語』（厚田雄春・蓮實重彦、筑摩書房、一九八九年）
『我楽多籠』（高橋義雄、箒文社、一九一四年）
『木戸日記――木戸被告人宣誓供述書全文　極東国際軍事裁判研究』（木戸幸一、極東国際軍事裁判研究会編、平和書房、一九四七年）
『京七宝文様集』（中原哲泉画、淡交社、一九八一年）
『京都岡崎の文化的景観調査報告書』（奈良文化財研究所景観研究室編、京都市文化市民局文化芸術都市推進室文化財保護課、二〇一三年）
『京都人物山脈』（毎日新聞社編、同、一九五六年）
『京都と近代美術』（橋本喜三、京都書院、一九八二年）

『京都を中心にした近代日本庭園の研究』（小野健吉、奈良国立文化財研究所、二〇〇〇年）
『近代京都研究』（丸山宏・伊従勉・高木博志編、思文閣出版、二〇〇八年）
『近代京都の改造――都市経営の起源一八五〇―一九一八年』（伊藤之雄編著、ミネルヴァ書房、二〇〇六年）
『近代京都の東山地域における別邸・邸宅群の形成と数寄空間に関する研究』（矢ヶ崎善太郎、京都工芸繊維大学博士論文、一九九八年）
『近代京都を生きた人々――明治人物誌』（杉田博明、京都書院、一九八七年）
『近代茶道の歴史社会学』（田中秀隆、思文閣出版、二〇〇七年）
『近代数寄者の茶の湯』（熊倉功夫、河原書店、一九九七年）
「近代数寄者の別荘建築における場所性と姿――田舎家をめぐる多文化的状況と美意識」（土屋和男、『常葉学園大学研究紀要』第二八号、二〇〇八年、五九―八六頁）
「近代日本における民家の評価に関する研究」（石川祐一、京都工芸繊維大学博士論文、二〇〇八年）
『皇居外苑』（前島康彦、郷学舎、一九八一年）
『皇室建築――内匠寮の人と作品』（鈴木博之監修、建築画報社、二〇〇五年）
『さいごの色街飛田』（井上理津子、筑摩書房、二〇一一年）
『趣味ぶくろ』（高橋義雄、秋豊園出版部、一九三五年）
『昭憲皇太后史』（上田景二編、帝国教育研究会、一九一四年）
「昭和初期のJAPANESE GARDEN――『米国庭園倶楽部代表訪日記念写真帖』を通して」（福田好恵、東京大学工学系研究科建築学専攻修士論文、二〇〇一年）
『ジョサイア・コンドル建築図面集（Ⅰ―Ⅲ）』（河東義之編、中央公論美術出版、一九八〇―八一年）
『艸居庵記』（藤井喜三郎、私家版、一九五五年）
「大工・島田藤吉の仕事と作風」（矢ヶ崎善太郎、『日本建築学会近畿支部研究報告集・計画系』第四九巻、二〇〇九年、七〇九―七一二頁）

『対龍山荘の地割と石組の組み方』(金坂幸彦、私家版、二〇〇二年)
『武田博士作品集』(武田博士還暦記念事業会編、同、一九三三年)
『通天閣＝TSUTENKAKU――新・日本資本主義発達史』(酒井隆史、青土社、二〇一一年)
『庭園襍記』(針ヶ谷鐘吉、西ヶ原刊行会、一九三八年)
「戸野琢磨――日本の〝ランドスケープ・アーキテクト〟第一号」(鈴木誠、『ランドスケープ研究』第六〇巻第四号、一九九七年、二九一―二九四頁)
『土木人物事典』(藤井肇男、アテネ書房、二〇〇四年)
『日本の近代10　都市へ』(鈴木博之、中央公論新社、一九九九年)
『日本の芝と芝生』(丹羽鼎三、明文堂、一九五八年)
『野村得庵　趣味篇』(村上順二編、野村得庵翁伝記編纂会、一九五一年)
『ハウス・オブ・ヤマナカ――東洋の至宝を欧米に売った美術商』(朽木ゆり子、新潮社、二〇一一年)
『東山／京都風景論』(加藤哲弘・中川理・並木誠士編、昭和堂、二〇〇六年)
『平安神宮百年史』(平安神宮百年史編纂委員会編、平安神宮、一九九七年)
『米国庭園倶楽部代表訪日記念写真帖』(米国庭園倶楽部招待委員会、一九三五年)
『箒のあと(上・下)』(高橋義雄、秋豊園、一九三三年)
『明治維新と京都――公家社会の解体』(小林丈広、臨川書店、一九九八年)
『明治園芸史』(日本園芸研究会編、同、一九一五年)
『山中定次郎伝』(故山中定次郎翁伝編纂会編、同、一九三九年)
「有隣荘庭園の変容にみる現代庭園デザインの芽生え」(横山恵子・鈴木誠、『ランドスケープ研究』第六七巻第五号、二〇〇四年、三九三―三九六頁)
『歴史のなかの天皇陵』(高木博志・山田邦和編、思文閣出版、二〇一〇年)
『和魂洋才の系譜――内と外からの明治日本』(平川祐弘、河出書房新社、新装版一九八七年)

付録1　小川治兵衛（七代目）主要作品

山県有朋	京都別邸無隣庵（1894-1896）
住友友純	茶臼山本邸慶沢園（1908-15）　住吉別邸（1908）　鹿ヶ谷別邸有芳園（1913-20）　衣笠別邸（1919）　鰻谷旧本邸（1933）
西園寺公望	京都別邸清風荘（1913）　駿河台本邸（1918-19）　興津坐漁荘（1920）
大原孫三郎	天瀬別邸（1922-23）　倉敷別邸有隣荘（1928-31）　住吉別邸（1932）　北白川別邸（1936-37）
岩崎小彌太	京都別邸（1925-28, 33）　鳥居坂本邸（1928）　熱海別邸陽和洞（1935）
長尾欽弥	桜新町本邸好田荘（1931）　鎌倉山別邸扇湖山荘（1931-34）　唐崎別邸隣松園（1932-34）
南禅寺近傍	菱田邸（1897）　市田弥一郎別邸対龍山荘（1902-05）稲畑勝太郎別邸和楽庵（1905）　染谷寛治別邸［松下幸之助別邸真々庵］（1908）　藤田小太郎邸（1909）　野村徳七別邸碧雲荘（1917-28）　浜崎邸（1919）　奥村別邸（1919）　下郷伝平別邸清流亭（1920）　吉田別邸（1921）　小川睦之助邸（1922）　薩摩別邸（1925）　細川護立別邸怡園（1927-30）　松本別邸（1929-30）　都ホテル（1933-34）
京都	平安神宮神苑（1894-1926）　京都博物館庭園（1896）　京都市立商品陳列所庭園（1909）　円山公園（1910）　京都偕行社庭園（1910）　京都御所，桂・修学院・二条各離宮（1912年以後宮内省工事拝命連年）　伏見桃山御陵（1913）　悠紀主基両殿柴垣（1914）　伏見桃山東陵（1915）　久迩宮別邸（1920）　清水寺南園（1923）　伏見大倉恒吉邸（1924-27）　八坂神社神苑（1926-27）　松ヶ崎水源地（1927）　光雲寺（1927）　醍醐寺伝法院（1929）　東山霊山（1930-31）　仁和寺（1931）　東寺（1931）　金福寺（1932）　護王神社（1932）　大徳寺（1933）　京都十六師団記念碑（1933）　仏光寺本廟（小川家墓所）
その他	須磨賀陽宮別邸（1897）　浅見又蔵別邸慶雲館（1912）　山口県知事公舎（1919）　神戸山下太郎別邸（1919）　東京村井吉兵衛邸山王荘（1919-20）　東京古河虎之助邸（1919-20）　住吉安宅弥吉別邸（1925）　東京小倉正恒邸（1933-34）

＊『小川治兵衛』および『植治の庭――小川治兵衛の世界』，また岩城亘太郎氏からの聞き取りを基本として作成．

和風建築の世界

谷口吉郎
(1904-1979)

村野藤吾 佳水園
(1891-1984)

堀口捨己 八勝館御幸間
(1895-1984)

大江宏 国立能楽堂
(1913-1989)

角南隆
(1887-1980)

吉村順三
(1908-1997)

中條精一郎 岩崎小彌太熱海別邸
(1868-1936)

岡田信一郎
(1883-1932)

吉田五十八
(1898-1974)

大江新太郎 岩崎小彌太鳥居坂本邸・長尾邸
(1875-1935)

武田五一 村井邸
(1872-1938)

藤井厚二 聴竹居
(1889-1938)

小林福太郎
(1882-1938)

日高胖 住友邸
(1875-1952)

安藤時蔵
(1871-1917)

佐藤秀三 住友別邸
(1897-1978)

魚津弘吉
(1898-1982)

2代八木甚兵衛 住友邸
(1884 襲名)

北村捨次郎 野村別邸

3代木村清兵衛 隣松園
(1871-1955)

水沢文次郎
(1890-1973)

松田権六 漆
(1896-1986)

藤井喜三郎
(1906-1994)

石間桂造
(1894-1969)

岩城亘太郎
(1898-1988)

平田雅哉
(1900-1980)

重森三玲
(1896-1975)

中根金作
(1917-1995)

中村外二
(1906-1997)

付録 2　近代

擬洋風の世界

2 代清水喜助 築地ホテル
(1815-1881)

立石清重 開智学校
(1829-1894)

林　忠恕 開成学校
(1835-1893)

建築家たち

森山松之助 久邇宮邸
(1869-1949)

松室重光 京都武徳殿
(1873-1937)

大島盈株 宝生会能楽堂
(1842-1925)

9 代伊藤平左衛門 東本願寺
(1829-1913)

亀岡末吉 東本願寺勅使門
(1866-1922)

木子棟斎 ------------ 木子清敬 明治宮殿
(1827-1883)　(1849-1907)

伊東忠太 荻外荘
(1867-1954)

棟梁たち

6 代鈴木幸右衛門
(1873-1948)

松井角平
(1867-1922)

14 代竹中藤右衛門
(1877-1965)

佐々木岩次郎
(1853-1936)

金子清吉
(1885-1955)
荻外荘

数寄屋の世界

柏木貨一郎 渋沢邸
(1841-1898)

仰木敬一郎 護国寺茶室群
(1863-1941)

髙橋義雄
(1861-1937)

田中親美 古筆家
(1875-1975)

作庭から ランドスケープへ

7 代小川治兵衛 ---------- 小川保太郎 ------
(1860-1933)　(1882-1926)

戸野琢磨
(1891-1985)

や行

さ行

た行

な行

は行

ま行

人名索引

著者紹介

1945年，東京都生まれ．1974年，東京大学工学系大学院博士課程修了．工学博士．ロンドン大学コートゥールド美術史研究所留学，東京大学工学部専任講師を経て，1990年より東京大学大学院工学系研究科教授．2009年より青山学院大学総合文化政策学部教授．東京大学名誉教授．2010年より博物館明治村館長併任．

主著：『東京の［地霊］』（文藝春秋，1990年，サントリー学芸賞），『ヴィクトリアン・ゴシックの崩壊』（中央公論美術出版，1996年），『都市へ』（中央公論新社，1999年，建築史学会賞），『都市のかなしみ』（中央公論新社，2003年），『建築の遺伝子』（王国社，2007年）ほか多数．

庭師 小川治兵衛とその時代

2013年5月31日　初　版
2017年8月31日　第4刷

［検印廃止］

著　者　鈴木博之《すずきひろゆき》

発行所　一般財団法人　東京大学出版会
代表者　吉見俊哉
153-0041 東京都目黒区駒場 4-5-29
http://www.utp.or.jp/
電話 03-6407-1069　Fax 03-6407-1991
振替 00160-6-59964

印刷所　大日本法令印刷株式会社
製本所　牧製本印刷株式会社

ISBN 978-4-13-063811-1　Printed in Japan